Intermediate Dari: Grammar and Readings has been published by the author with assistance from BookSurge. The audio CD for all selections will be made available separately at amazon.com

Comments and suggestions are welcome at
dari@afghanpoetry.com

PREFACE

What you have here is not a typical language textbook. But I do believe it serves the needs of those who can read Dari, have some knowledge of its structure, but need extensive exposure to authentic language use. To such readers, the book offers varied samples, both formal and informal, with *context-specific* glossaries for each passage. The book will also be useful for many young native speakers in the Afghan Diaspora who have been detached from their culture and could use an opportunity to gain accuracy and confidence.

I have also added a review of grammar at the beginning and at least two activities for each passage or dialogue. All activities have been keyed at the end. While the text sustains a healthy level of variation in linguistics and content, I have tried to reinforce important vocabulary and structures throughout the selections.

Selections reflect important facets of the contemporary culture and society in Afghanistan, and their idioms and syntax are authentic and unabridged. The few narrative passages that have been added are strictly fictional.

I have been adamant about keeping this resource affordable, and many decisions I have made reflect that intention. It is in this area that *Intermediate Dari* can, I hope, be considered most atypical.

Acknowledgements

This project has been a personal endeavor, punctuated by other writings and less creative enterprises. I am grateful for the assistance and support I received in completing it from my family members, who helped me in proofreading, preparing the audio CD for the book, and giving much needed encouragement.

Illustrations have been kindly added by James Woods of Bloomington, Indiana. For the cover design, I am indebted to my daughter-in-law, Stacey, and, of course, my Paine College student Davae, whose picture appears on the cover.

Since the book contains both Farsi and English texts, it would have been more logical to have two separate sections, one right to left and the other left to right. However, since the bulk of the material is in Farsi, we chose a right to left order. I realize that this forces the reader to flip the pages right to left in the grammar review section although that section is essentially in English. Please forgive me for this and other such deviations in format matters. I hope the texts themselves are good enough to make them less noticeable.

Jonaid Sharif
February 2009

Table of Contents

A Brief Review
of Dari Grammar

Although this book is not intended as a beginner text, a review of basic rules should prove useful as a refresher.

I. Pronouns:
Dari has two types of pronouns: separate (stand-alone) and attached. Here is the list:

Even when the case changes from subject to object or to possessive, the pronoun stays essentially the same.

English Equivalent	Attached	Separate
I, me, my	م ، ا م	مـن (مـه)
you, your (sing.)	ت ، ا ت	تـو
He, she, it, him, her	ش ، ا ش	ایـن (ای) ، ا و
we, us, our	مـا	مـا
you, your (plural)	تـا ن	شما
They, them, their	شـا ن	ایـشـان ، آنها

مـن سیـتـا ر مـی زنـم .
تـو د اکـتـر اسـتـی .
ا و انـگـلیـسی یـا د د ا رد .
مـا د ر کـا بـل زنـدگی مـی کـنیـم .
شما چه وقـت مـی آیـیـد؟
آنها چـا ی را خـوش د ا رنـد .

I play the sitar.
You are a doctor.

He knows (speaks) English
We live in Kabul.
When are (you guys) coming?
They like tea.

درسم را خواندم
درست را خواندی
درسش را خواند
پاسپورتِ ما رسید
پاسپورتِ تان رسید
پاسپورتِ شان رسید

I studied (read) my lesson.
You studied your lesson.
He studied his/she studied her lesson.
Our passport arrived.
Your passport arrived.
Their passport arrived.

In Dari, it is usual to avoid repeating a pronoun, so the word
خود (self) takes the place of the pronoun

من دست خود را افگار کردم .
شما کار خود را خلاص کردید .
او مادر خود را بامریکا خواست .
تو خود را بیمه کرده ای؟
رئیس جمهور خود را دوباره کاندید کرد .

I hurt my hand.
You finished your work.
He invited his mother to America.
Have you insured yourself?
The President ran for presidency again [made himself
candidate]

As you notice, the verb in Dari has six different endings.

English Equivalent	Examples	Verb Ending
I eat, I ate	می خورم ، خوردم	م
you eat, you ate	می خوری ، خوردی	ی
He/she eats, ate	می خورَد ، خورد	د
we eat, we ate	می خوریم ، خوردیم	یم
you eat, you ate	می خورید ، خوردید	ید
they eat, they ate	می خورند ، خوردند	ند

II. Present and Past Tense:
Some aspects of Dari verbs are predictable; others must be memorized. The source of the verb or the *masdar*, which in some ways is like the English infinitive, always ends with a ن "an": خوردن ، دیدن ، خواندن

A. Dropping the letter *noon* ن from the source gives you the simple past tense:
(To simplify, I will only use the third person for most examples.)

قلندر نان خورد .
پدر پسرش را دید .
جمیله کتاب خواند .

Qalandar ate food.
The Father saw his son.
Jamila read a book (books).

B. A second important part of the verb is what is usually called the present root or stem. This present root in many verbs is not radically different from the past. But in some verbs it acquires other sounds: Look at these examples:

English Equivalent	Present Root	Past Tense
Take	گـیـر	گـرفت
Buy	خـر	خـریـد
See	بـیـن	دیـد
Hit	زن	ز د

Adding verb endings to the present root, we can form the present tense or other forms such as imperative (command) or subjunctive. Look at these present roots that make present tense verbs with the particle می .Other tenses will be discussed later.

مـی گـیـرد ، مـی گـیـرم
مـی خَـرَد ، مـی خرم
مـی بـیـنـد ، مـی بـیـنم
مـی زنـد ، مـی زنم

He/she takes, I take
He/she buys, I buy
He/she sees, I see
He/she hits, I hit

قـلـنـدر نـان مـی خورَد
جمیـلـه کـتـاب مـی خوانَـد

Qalandar eats, is eating, food.
Jamila reads [is reading] books.

Here are some further examples from both regular and irregular verbs. See a more complete list on page 169.

آمد - می آید
رفت - می رود
گفت - می گوید
شُست - می شوید
نشست - می نشیند

Came – comes
Went—goes
Washed – washes
Sat – sits

III. The Narrative Past. Adding the particle می to the past form gives you the narrative past:

سیما هر شب خوابِ خراب می دید.
مایکل جکسن درین قصر زندگی می کرد.
شما که تیلفون کردید من چای می خوردم.

Sima had (used to have) nightmares every night.
Michael Jackson used to live in this palace.
When you called, I was having tea.

Note the difference between simple past and habitual or narrative past: in the last sentence, "calling" took place as a one-time event. "Having tea," on the other hand, was going on continuously at the time of the calling. In the case of the first sentence, however, the continuity is habitual and repetitious. Every night, Sima had nightmares.

IV. The Beh-Plus Construction:

Present form without the می and often with another particle ب will give you another form, which is enormously useful. It has been called the subjunctive, but I prefer a simpler, more descriptive name: *beh-plus: beh + the present root.*

رفتن – بـرود
گـرفـتن – بـگیـرد
گفـتن – بـگویـد

The beh-plus form is used in the following ways:

A. to form conditionals:

اگـر بـاران ببـارد
اگـر او بـه مـن تـیـلفـون **کـند .**
اگـر ایـن کـار را بـگیـرد .

If it rains
If he/she calls me
If he/she takes this job

Note the omission of the beh (ب) in example 2. In some compound verbs, the beh is dropped.

B. to complement or complete other verbs or verbs that require other verbs

مـی خـواهـد بمـن تـیـلفـون کـند .
خـوش دارد کـه مـاهی بخـورد .

He wants to call me.
He likes to eat fish.

C. With auxiliaries like *can, should, might, etc.*

مـی تـوانـد مـوتـر بخـرد .

شاید برود

He/She can buy a car.
He/She might go.

D. To indicate a wish, prayer, recommendation, etc.

خدا همرایت کمک کند.
بهتر است آدم درخت میوه بشاند.

(May) God help you
It is better [for one] to plant a fruit tree.

Notice that the compound verbs with کردن and شدن do not take the particle ب. The same is true of all verbs in the negative.

آدم باید با همسایهءخود کمک کند.
شاید این وکیل دوباره انتخاب شود.
اگر موتر تان پنچر شود به من تیلفون کنید.

One should help his/her neighbor.
Maybe this representative will be re-elected.
If your car has a flat tire, call me.

بعد از ین باید سگرت نکشد.
من تصمیم گرفتم که گوشت سرخ نخورم.

From now on, (he) should not smoke.
I decided not to eat red meat.

Remember that the beh-plus form of the verb بودن is unique: باشد

اگر ممکن باشد
خدا کند همگی تیار باشند.

If it is possible
I hope everyone is ready.

Also remember that in formal usage, words such as بايد، توان،
take the simple past, which performs the same function as the
beh-plus.

منكر نمى توان شد .

مى توان باين نتيجه رسيد...

بايد هرچه زود تر ازينجا رفت .

One can't deny
It can be concluded...
One must leave this place as soon as possible.

V. The Command Form:

The command form is quite similar to the beh-plus form since
it also uses the ب particle. Naturally, command is only
applicable to تو and شما *you* and the plural *you.*

Say	بگو ، بگوييد
Read	بخوان، بخوانيد
Sit	بنشين، بنشنيد
Go	برو ، برويد
Come	بيا

لطفاً در چاى من بوره نريزيد .

ماهى را كم نمك بپزيد

در را باز كنيد .

Please don't put (pour) sugar in my tea.
Cook the fish light-salted.
Open the door.

VI. The Perfective Aspect:
The perfective aspect (*have seen, had seen*) is formed in a manner very similar to English.

A.   First, the participle or third form of the verb is formed with a vowel and a ه : دید ← دیده deed → deeda

B.   Second, one of the derivatives of بودن (*to be*) is added after the verb: دیده بود (*he had seen*) .

آمده است.
گرفته است.
خریده بود
من صبحانه خورده ام.
شما که رسیدید، من رفته بودم.

He/She has come.
He/She has taken.
I have had (eaten) breakfast.
When you arrived, I had gone.

VII. The use of the particle را or object indicator:
In Dari most words used as object of a verb take the particle را While some indefinite nouns also take this particle, it is much more common to use را with definite nouns. An easy way to tell definite from indefinite is to use the "the" test: If a noun takes the "the" article in English, it is definite. If it takes the "a" article or has no article at all, then it is indefinite.

انجینر سرک را دیزاین کرد.
منصور خانه را خرید.
منصور خانه خرید.
جمیله سبزی خورد.
جملیه سیب را خورد.

The Engineer designed the road.
Mansoor bought the house.
Mansoor bought a house.
Jamila ate (some) spinach.
Jamila ate the apple. (They know which apple is talked about; the apple is a particular apple.)

In colloquial or conversational Dari, the particle را is substituted with a simple vowel or shortened to ره:

جمیله سیبه خورد (سیبَ)
منصور خانه ره خرید.

VIII. The progressive aspect:
In Dari there is no single form to show the progressive or continuous action which is handled by the English "ing" construction. But there are several ways the verb conveys the progressive meaning:

شما که آمدید من نان می خوردم
دختر نمی شنوه ولی مادر گفته می ره.
دختر نمی شنوه ولی مادر گفته راهی ست.
بچهء شوخ خنده داره.
اشک از چشمانش روان بود.
یک ساعت است که مه اینجه شیشتیم (نشسته ام)

پیرهن ها در الماری آویزان است.
نذر دارم به هر کس داده می رم.

When you came, I was eating.
The daughter does not listen (hear) but the mother keeps talking
The hyper boy is laughing
Tears were flowing from his/her eyes.
I have been sitting here for an hour.
The shirts are hanging in the closet.
*I have (prepared) a **nazer** and am giving it to everyone.*

Nazer (oblation) is special food that one prepares in gratitude to God or as offering to Him to accompany a prayer. Nazer is shared with others.

In Iranian Farsi and in the Tajiki Farsi the progressive is more uniform:

من داشتم شنا می کردم.
وی گفته استاده است.

I was swimming
He is saying.

IX. Adjectives and Possessive:

These two functions are very different in their grammatical nature, but because they have the same form in Dari, I will discuss them together. The addition of the vowel "e" to the end of noun performs two different functions:
1. Possessive: one thing belonging to another
2. Adjectives: Particular quality or description is added to a noun.

11

كلاه ِ قـره قل
مـيز ِ گِرد
پدر ِ مـن
خـانـه ء مـا (خـانـه ى ِ مـا)

A karakul hat
A round table
My father
Our house

Occasionally, the adjective comes *before* the noun, in which case the vowel "e" is not used:

حـالـه نـام ِ خـدا **كلان بـچه** شـده .
بـد آدم نـيست، خـوش بـاور است.

Now he has grown into a mature (big) boy, praise God.
He is not a bad person, he is gullible.

X. Contrary-to-Fact statements:

For the most part, when the speaker wants to express an imaginary situation, which is known to be contrary to an actual state of affairs, Dari requires the use of the narrative past tense regardless of the time. (Contrary-to-fact sentences are those like this one: "If I were you, I would talk to them.")

كـاش مـن فـاكـولـته را تمـام مـى كـردم .
اگـر مـن پـول زيـاد مـى داشتم يـك بـى ام دبـليو
مـى خريـدم .
مـن تـيـلفـون مـى كـردم ولـى نمـره ء تـان را نـداشتم .
از آمـدنـت اگـر خبـر مـى داشتم
سـر تـا قـدم كـوچه را گـل مـى كـاشتم

I wish I had finished college.

12

If I had a lot of money, I would buy a BMW. Or: If I had a lot of money, I would have bought a BMW.
I would have called, but I didn't have your number.
If I had known about your coming
I would have planted flowers all over the alley.

XI. Word Formation in Arabic

Since so many Dari words are originally Arabic, some familiarity with Arabic rules for deriving new words is extremely useful. What follows is only a partial summary.

A. The prefix مُ (mu) with an (e ِ) towards the end of the word is used to form اسمِ فاعل (doer noun):

مُعلم
مُخبر
مجاهد
مُطابق
مُجرِم
مُفتی

Teacher
Informant
Fighter in a jihad
Corresponding, compatible
Convict, guilty
Consultant in an Islamic court

B. The prefix مُ (mu) with an (a َ) towards the end forms اسمِ مفعول (object or receiver noun):

مُشتق
مُنوّر
منجر
مختل
مکمّل
مُقرّر
مکرّر
معتبر
مُستند

Derived
Enlightened
Resulted
Disturbed
Complete
Appointed
Repeated
Reputable (with credit)
Documented

. C. The prefix مَ (ma) with an (و o) towards end forms اسمِ مفعول (object or receiver noun):

معلوم
مقبول
مشکوک
مرطوب
مکتوب
مضمون
مخلوق

Known
Beautiful (accepted)

Suspicious
Humid
Letter (written)
Subject
People (created)

D. The prefix مَ (ma) is used to form اسمِ ظرف (noun of place)

School (place of writing)	مَکتب
Kitchen	مَطبخ
Verb source	مصدر
Meeting	مجلس
Mosque (place of prayer)	مسجد
Source	منبع
Purpose(intended place	مقصد

E. The suffix ات (aat) is used to form feminine plural

نباتات
مقامات
لحظات
مقالات
عملیات
استخبارت
معلومات
معاملات
جواهرات
هدایات
مخابرات
خرابات

15

Plants
Positions (authorities)
Moments
Articles
Operations
Intelligence (Agencies of)
Information
Transaction
Jewelry
Instructions
Communications (telephone, etc.)
Singers' quarters; in poetry, residence of the non-conformists

F.   The suffix ین (een) is used to form masculine plurals

معلمین
مامورین
منورین
منسوبین
مجاهدین
متنفذین

Teachers
Officials
The enlightened
Associates (those related)
Fighters
Those who have influence

G. Many words become plural by internal changes in their structure.

kind	ا قسام	قسم
individual	ا فراد	فرد
names	اسماء	ا سم
school	مکاتب	مکتب
mosque	مساجد	مسجد
society	جوامع	جامعه
tribe	قبایل	قبیله
famous person	مشاهیر	مشهور
subject	مضامین	مضمون

H. Adding an alef in the middle and doubling the middle sound forms a noun indicating a professional or a trader

carpenter	نجّار
butcher	قصّاب
confectioner	قنّاد
painter	رسّام
surgeon	جرّاح
water carrier	سقّاء
mobile	سیّار
grocer	بقّال
money changer	صرّاف

XII. Transitive and Intransitive Verbs:

As expected, there are some verbs that take objects (transitive) and some that don't (intransitive). گرفتن (to take) is transitive, while نشستن (to sit) is intransitive. But Dari has a mechanism to change most intransitive verbs to transitive. This mechanism is to add a couple of letters, usually an ان, towards the end of the verb. Look at these example:

17

burst (bust), made it burst	ترقاند	ترقید
knew, made (him) know	فهماند	فهمید
arrived, made (it) arrive	رساند	رسید
poured, spill	ریختاند	ریخت
sat, made (someone) sit	نشاند	نشست
turned, made (it) turn	گشتاند	گشت
burned, burned (it)	سوختاند	سوخت
flew, made (it) fly	پراند	پرید
fell down, tore down	غلطاند	غلطید

ساعت نُه شده. باید اطفاله بخوابانم.
بعضی تبله چی ها خواننده را می دوانند.
قهوهء دیشب خواب ِ مرا پراند.
چندین زن پارسال خود را سوختاندند.

It is nine o'clock. I must make the children go to bed.
Some tabla players make the singer run (go fast).
The coffee last night disrupted my sleep (made it fly away).
Several women burned themselves last year.

You may have noticed that this variation of transitive verbs is more common in informal usage, since in formal Dari some of these verbs function as both transitive and intra

او بمن کمی چای ریخت.
کمی چای از پیشم ریخت.
صادق هدایت قبل از خودکشی آثار خود را سوخت.
دیروز دستم در داش سوخت.

He/She poured me some tea.
Some tea (was) spilled by me.
Sadiq Hedayat burned his books before committing suicide.
Yesterday, my hand burned on the oven.

It is noteworthy that the same affix is occasionally used with verbs that are already transitive. In such cases, it is equivalent to “make someone do something” or “have someone do something. This usage appears somewhat colloquial.

مادر بچهء خوده ترکاری خوراند.
مهمان خوده ده تیکه باختاند
اولادها ره جاکت بپوشان.

The mother made his son eat vegetables.
The guest made himself lose the teeka (a popular card game similar to Spades)
Make (have) the children put on a sweater.

XIII. Some Important Prepositions:

in	در
on, at	بر
for	برای
for	بر ِ
on, over	بالای
under	زیرِ
on	سرِ
around	دَورِ
to	به
from	از
till, until	تا

towards	بطرفِ
with	با
with	کتِ

در کابل
برجا
برای شما
برمه چای بیار
برت گفتم
پشک بالای دیوار نشسته
بچه سرِ خر سوار است.
قدیر زیرِ دستِ من کار می کند
زیر میز
به کابل رفت
شب تا صبح

In Kabul
In place
For you
Bring tea for me
I told you
The cat is sitting on the wall
The boy is riding the donkey.
Qadir works under my supervision
Under the table
(He/She) went to Kabul.
Night till morning (all night)

XIV. A Few Things about بودن

The verb بودن has some peculiarities:

- Its beh-plus formation is very different from است It is **باشد**

اگر ممکن باشد
بگو که همین جا منتظر ما باشد.

If it is possible
Tell (him/her) to wait for us here.

- It has a variant with a slightly different meaning: While است is a connector meaning "is", هست has its independent meaning. هست means "exists." However, many users have started ignoring this distinction.

خدا هست.
شکر است در خانهء ما نان هست.
هست و بود شان را سیل برد.

God exists
Thank God in our house there is food.
Floods took away all they had.

- It has a short form for some pronouns: ام، یی، اند، ایم، اید

از دیدن تان خوشحالم.
دوستان ما در انگلستانند.

I am happy to have met (seen) you.
Our friends are in Britain.

- It functions as a helping verb to make perfective tenses: "has seen, had seen, etc.)

شما بفرمایید. ما غذا خورده ایم.

ببخشید. ما پیش داکتر رفته بودیم.

You go ahead. We have eaten.
Excuse us. We had gone to the doctor.

- Its standard present tense with the particle می has sometimes a slightly different meaning, but at other times it is used as a synonym for است، استم، etc.

من همین جا می باشم.
می خواهم او را ببینم ولی در خانه نمی باشد.

I (will) stay here.
I want to see him but he does not stay home/ he is not home [generally].

XV. Some useful ways to make words:
Many Dari words, especially in formal Dari, are made from combining words or word parts. The present root of the verb is an immensely useful tool in word formation:

پیاده رو، ریشدار، شرابخور،ناشناس، جگرسوز

Pedestrian, bearded, drinker, unknown, [with] heartburn

So are certain verbs that combine with nouns and give us a large number of *compound verbs.* See the list below:

be or become full	سیر کردن
lose	گم کردن
be coquettish, play hard to get	ناز کردن
make a mistake	غلط کردن

choose	خوش کردن
prepare	تیاری کردن
laugh	خنده کردن
tune (an instrument)	سُر کردن
make profit	فایده کردن
think	چُرت زدن
pay attention, be mindful of	رَی زدن
talk	گپ زدن
touch, mess with	دست زدن
snap at, mumble in disapproval	غُر زدن
wink	چشمک زدن
play the rubab	رباب زدن
turn (intransitive)	دور خوردن
be defeated	شکست خوردن
be touched	دست خوردن
be shocked	شوک خوردن
be cursed, be called names	دَو خوردن
fool, deceive	گپ دادن
taunt	طعنه دادن
flash , flirt	تیم دادن
bear fruit	حاصل دادن
make aware, give news	خبر دادن
tease, annoy	آزار دادن

23

Some useful prefixes and suffixes:

same: spouse, coworker classmate	همسر، همکار، همصنفی	هم
Less: unemployed, rude	بیکار، بی تربیه	بی
Full: hardworking, expects much	پرکار، پر توقع	پُر
Self: autonomous, show-off, spontaneous	خود مختار، خودساز خود بخودی	خود
associated with: From Kabul, original, china, administrative	کابلی، اصلی، چینی، ادرای	ی
ness: manliness, freedom, youth	مردی، آزادی، جوانی	ی
not, un: incompetent, poor, sick	نالایق، نادار، ناجور	نا
again: re-construction, review, return	بازسازی، بازدید، باز گشت	باز
ness: being human, Afghanness, quality	آدمیت، افغانیت، کیفیت	یت
shows an action or a condition. walk, effort, insurgency, compromise	گردش، کوشش، شورش، سازش	ش
comparison: better, bigger, later, more	بهتر، کلان تر، پسان تر، بیشتر	تر
place: birth place, maternity hospital, base	زادگاه، زایشگاه، پایگاه	گاه
agent: trader, worker	سوداگر، کارگر	گر
continuity: going, flying, running	روان، پران، دوان	ان
plural: hands, men	دستان، مردان	ان
monitor: watchman, keeper, doorman	پاسبان، نگهبان، دربان	بان

As you may have noted, the ی changes a noun to an adjective *or* an adjective to a noun: کهدامنی، رحیمی، افغانی، رسمی، قانونی (*legal, formal, Afghan, Rahim's descendent, from Kuhdaman*) گرمی، جوانی، شوخی (*heat, youth, humor*).

ش also forms a noun but from the present root: لرزش، سازش، خارش، سوزش (*trembling, compromise, itch, burn*).

گاه is a place and a time suffix: ایستگاه، سحرگاه (*station, dawn*).

ان has two distinct functions: it is a plural signal for many nouns including persons: مردان (men). It is also a particle that makes a verbal, a noun made from verb: گویان، گریان (*saying, crying*). Plural signal for non-persons (and for everything in colloquial Dari) is ها : درخت ها، کتاب ها، مکتب ها

Two past verbs repeated also form a noun: گفت و شنود، رفت و آمد، داد و گرفت (*discussion, contact or visits, exchange*). So do combinations of past tense and present root:

jumping around	جست و خیز
discussion, dispute	گفت و گو
contact, visits	رفت و رَو
trading, business	خرید و فروش
washing	شست و شو
staying, residence	بود و باش
eating	خورد و نوش

XVI. The magic connector که :

This word has many functions and may prove a nightmare for a translator or a second language learner. Here are a number of its meanings:

Which
That
Who
So that
Because
When
As

As a signal for emphasis, with no equivalent in English, vaguely resembling tag questions and expressions such as *well, But.* In this particular function, colloquial Dari has changed it to خو or in some dialects to کُه . (ku). Examine these examples:

سالی که خوش است از بهارش پیدا است
ناولی را که تو خواندی من هم خواندم
څارنوال گفت که مظنون اعتراف کرده .
تصمیم گرفتم که استعفی کنم .
پس انداز میکنم که خانه بخرم .
من که آمدم باران می بارید .
بریم که ناوخت می شه .
خانهء ما نمیایه که ما سگ داریم .
تو می خواهی عروسی کنی. هنوز که از مکتب
فارغ نشده ای (هنوز خو از مکتب..)
من که بتو گفته بودم که آمده نمیتوانم
(مه خو بتو گفته بودم که آمده نمی تانم)

You can tell a good year by its spring.
I too read the novel that you read

The prosecutor said that the suspect has confessed.
I decided to resign.
I save to [so that I] buy a house.
When I came, it was raining.
Let's go, because it is getting late.
He/She does not come to our house because we have a dog.
You want to get married. But you haven't even graduated from [high] school.
I had told you that I could not come, hadn't I?

XVII. Some culture specific expressions and greetings:
Belief in supernaturals has shaped and colored many greetings:

When someone comes from a trip or work. *May you not be tired.*	مانده نه باشی
for gratitude *May you live* long	زنده باشی
God Bless you (gratitude)	خدا تو ره خیر بته
Condolences. *His life be added to yours.*	زندگیش سرِ تان باشه
When comparing to a sick or dead person (*Away from you!*)	دور از شما باشه
For evil eye. *Evil eye away*	چشم بد دور
in response to a compliment about beauty *Your eyes are pretty—You see thing pretty*	چشم هایتان مقبول اس
God forbid.	خدا ناخواسته ، خدا ناکده

When you praise someone else, *Not that he can be better than you!*	از شما به نباشه
May the evil eye be away!	نظر نه شه، چشم بد دور
When thanking someone for cooking or other work. *May your hands not ache!*	دست تان درد نکنه
When mentioning sickness or death. *Away from you!*	دور از شما
When interrupting someone while talking. *Your word be changed to flower!*	گپ تان به گل بدل
When giving someone a compliment. It should not be said to your face.	پیش روی تان گفته نه شه
In response to a compliment about food being tasty. May it nourish you!	نوش چان تان، نوش جان
To make someone feel welcome. *Your steps be on our eyes!*	قدم تان سر چشم ها
To make someone feel at home. *This is your own house.*	خانهء خود تان است
Sure. Absolutgely. *One thousand times over!*	هزار دفعه، هزار کرت

هزار بلبل دستانسرای عاشق را
بباید از تو سخن گفتنِ دری آموخت
سعدی

معلومات عمومی راجع به دری

دری نام رسمی زبان فارسی در افغانستان است. فارسی افغانستان با فارسی ایران تفاوت زیاد ندارد ولی هم از نظر تلفظ و هم از نظر لغات و اصطلاحات در میان شان فرق هایی بوجود آمده. مثلا شیر (حیوان lion) و شیر (مایع سفید milk) در لهجهء تهرانی در تلفظ فرق ندارند در حالیکه در لهجهء کابل اولی (shayr) و دومی (sheer) است. و از نظر لغات:

از گرسنگی دارم غش می کنم (ایران)
از گشنگی سَرم ضعف میایه (افغانستان)[1]

این تفاوت ها در محاوره و زبان روزمره بیشترند تا در نوشته.

دری/فارسی زبانِ اندو اروپایی است. بهمین خاطر دران لغاتی وجود دارد که با انگلیسی، روسی، و دیگر زبان های اندواروپایی همریشه می باشد. مثلا کلمهء "هشت" که با eight انگلیسی همریشته است: صدای "gh" آن در انگلیسی امروزی تلفظ نمی شود در حالیکه در المانی همین کلمه امروز هم یک "خ" در وسط دارد.

[1] I am fainting from hunger; I am about to faint from hunger

دری گرامر ساده دارد و در کلمات کدام تغییری نمی آید. اما فعل دری کمی مغلق است و بسیاری افعال تقریباً بی قاعده از حال بگذشته تحول می کنند.

دری مانند پشتو یکی از دو زبان رسمی افغانستان است. در دری فرق میان زبان نوشته و زبان محاوره یا روزمره بسیار زیاد است. در نوشته لغات عربی بیشتر دیده می شود و تلفظ کلمات کامل است. بعبارهء دیگر، در محاوره بعضی کلمات صدا های آخر خود را از دست می دهند یا در وسط کوتاه می شوند: مثلاً: "می شود، می شه. می آیم، میایم. چه می گویی؟ چه میگی؟"

دری مثل همه زبانها در حال تحول است. بخاطر ارتباط تاریخی ما با هند، لغات هندی، و انگلیسی در دری بچشم می خورند. بعضی نویسندگان و ژورنالیست ها ی دری لغات فارسی را که در ایران رواج دارد به لغات عربی ترجیح می دهند. زبان محاوره یا گفتاری هم کم کم در نوشته ها مخصوصاً نوشته های انترنتی رواج پیدا کرده.

نوشته های این کتاب بیشتر به دری نوشته یا رسمی ست ولی یک تعداد نمونه های محاوروی هم مخصوصاً بشکل دیالوگ اضافه شده.

لست لغات

	thousand	هزار
	nightingale	بُلبُل
Note the pun	a type of nightingale	هزار داستان
	should….learn	بباید آموخت
Very well-known	Sa'di, a 12th Cent. poet	سعدی
رسم Tradition	official	رسمی
talafuz	pronunciation	تلفظ
وجود existence	Some differences have appeared.	فرق هایی به وجود آمده
	idioms	اصطلاحات
	dialect, accent	لهجه
	therefore	بهمین خاطر
	animal	حیوان
	liquid	مایع
coll. گشنگی	from hunger	از گرسنگی
Iranian Farsi	I am fainting	دارم غش می کنم
سرِم on me	I am about to faint	سرم ضعف میایه
formal or written Dari	more than …	بیشتر ... تا
	both …. and	هم ... هم
muh.aawera	conversation	محاوره
	having the same root	همریشه
	German	آلمانی
kamay (not kamee)	a little, somewhat	کمی
	Middle	وسط
	verb	فعل
	Irregular	بی قاعده
Tah.awwul	Changes	تحول می کند
	daily	روزمره
connection ربط	relation	ارتباط
	historical	تاریخی
lit. touch the eye	appear, are seen	بچشم می خورند

	Writers	نویسنده گان
رواجCustom	are common	رواج دارد
	[they] prefer	ترجیح می دهند
	samples	نمونه ها

تمرین خواندن

۱. دری با فارسی چه فرق دارد؟
- o دری به پشتوبسیار نزدیک است.
- o دری یک تعداد زیاد لغات انگلیسی دارد
- o تفاوت میان دری و فارسی ایران کم است ولی وجود دارد.

۲. کدام یک ازین لغات دری بنظر تان با انگلیسی هم ریشه است؟
- o دختر
- o برِک موتر
- o الکُل (alcohol)

۳. در دری کلمات چرا همیشه تغییر میکنند؟
- o بخاطر جنس کلمه (که مونث یا مذکر است)
- o بخاطر حرف اضافه (prepositions) مثلا "در، از"
- o در دری تغییر کلمات صورت نمی گیرد.

۴. درین وقت ها نویسندهگان می کوشند که
- o لغات عربی بیشتر بکار ببرند
- o لغات و اصطلاحات محاوری و روزمره بیشتر بکار برند.
- o لغات انگلیسی و روسی بکار برند.

مه باید منتظر شما می ماندم ولی
بسیار گشنه شده بودم.

گفتم ز فلک مه به زمین آمده امشب
چون دیده گشودم تو به بام آمده بودی[1]

در انتظار دوست*

شما کمی دیر آمدین. وقتی که شما آمدین مه نوشابهء خوده خلاص کده بودم. سلاد خوده هم خورده بودم. هنوز نان ِ اصلی ره نه آورده بودند که شما بلاخره آمدین. شما که آمدین مه بر ِ شما نان فرمایش دادم و بر ِ خود یک نوشابهء دیگه خواستم.

*Pay attention to the sequence of tenses: simple past and past perfect, in this passage. وقتیکه شما آمدین، مه نوشابهء خوده خلاص کده بودم When you came, I had finished my drink

معذرت می خواهم. مه باید منتظر شما می ماندم، ولی بسیار گشنه شده بودم. مه به شما ساعت پنج گفته بودم و تا پنج و پانزده منتظر ماندم. بعد ازو به گارسون گفتم: دوست مه هنوز نرسیده شاید در ترافیک معطل شده. بر ِ مه نوشیدنی و نان خشک بیارین.

گارسون مهمان زیاد نداشت و از همی خاطر هر دو دقیقه به میز ِ مه می آمد و می پرسید دوست تان نامده؟ حاله که شما آمدین و فرمایش هر دوی ما را گرفت، خاطرش جمع شد. البته نا گفته نمانه که خاطر مه هم جمع شد

[1] I thought the moon had [has] come down to the earth
When I opened my eyes, you had come on the roof top.

both saying and thinking	I thought	گفتم
	from heavens	زِ فلک
mah, also month	moon	مه
dida is the pupil of the eye	when i opened my eyes	چون دیده گشودم
Roofs are flat so they are a part of home space.	roof top	بام
قدری، یک زره	you came a little late	کمی دیر آمدین
نوشیدنی	drink	نوشابه
تمام کرده بودم	i had finished	خلاص کده بودم
	main dish	نان اصلی
	at last	بلاخره
that, as, when, = که	when you came	شما که آمدین
	order	فرمایش دادن
عفو می خواهم	i apologize	معذرت می خواهم
گشنه بودم	i was hungry	گشنه شده بودم
	waiter	گارسون
طعل (تال) خورده	has been delayed	معطل شده
	bread	نانِ خشک
	therefore, so	از همی خاطر
بیغم شد، دلش جمع شد	stopped worrying	خاطرش جمع شد
طبعاً	of course	البته

تمرین خواندن: بهترین جواب را انتخاب کنید.

۱. گارسون زود زود پیش مهمان می آمد زیرا

- مهمان های دیگر کم بودند.
- گارسون گارسونِ خوب بود.
- مهمان او را صدا می کرد.

۲. مهمان تقریباً ____ منتظر دوست خود ماند و بعدازان برای خود نان فرمایش داد.

- نیم ساعت
- پانزده دقیقه
- پنج دقیقه

۳. مهمان چرا از دوست خود معذرت خواست؟

o دوستش را منتظر نگه داشته بود
o نان رستوران خوب نبود
o غذای خود را تنها فرمایش داده بود

۴. از کدام یکی ازین غذا ها نام برده نشده؟
o سلاد
o شیر
o نان ِ خشک

تمرین دوم: مقایسهٔ زبان محاوره با زبان نوشته.
زبان محاوره کلمات را گاهی تغییر می دهد ولی
بیشتر اوقات فقط کوتاه و خلاصه می سازد. درین
تمرین در مقابل هر کلمهٔ ستون راست، نمرهٔ لغتی
را بنویسید که در زبان محاوره با آن شباهت دارد.
خط اول مثال است و برایتان داده شده.

(۱)

صفر: می نشیند (مثال)	می شینه - صفر
۱. برایش	رفتن stress on the 2nd syllable
۲. ببخشید	میرین
۳. می آیند	ببخشین
۴. رفته اند	مره
۵. می روید	استاده کد
۶. بمن	میاین
۷. توقف داد	بر ِ ش

36

(۲)

شیشت	۱. نمیدانم
بسته کد	۲. گریست
گریان کد	۳. نشست
مَچوم	٤. با
گشنه	٥. بست
همرای	٦. گرسنه
گپ داد	۷. فریب داد

تمرین خواندن:
این پرگراف را که به دری محاوری نوشته شده بخوانید و به دری رسمی یا نوشته ای تبدیل کنید. بغضی از لغات این تمرین برای تان در پایین داده شده.

برو بیادر. ایقه خوده نساز. رقم شما چارصد و بیست ها اینجه بسیار اس. اگه پیسه داری، جنسه بخر، اگه نداری رایته بگی برو. بان ماره. آزار ما نتی. ما اوقه وخت نداریم که کتت فلسفه بگوییم. ما ای قسم مفلس خوشالهای لافوکه بسیار دیدیم.

خود ساختن	To put on airs, show off
رقم	like
جنس	merchandise
چار صد و بیست	In the Arabic abjad system, each letter has a number. Because there is no g in Arabic, "thug" is treated like "thuk" ت = ۴۰۰، ک = ۲۰
مفلس	Broke
لاف	Bragging

او بچه يارت استم
عاشق زارت استم
وقتی که چای می خوری
پياله وردارت استم
فلکلور

چای سبز خوشمزه

حتماً شنيده باشيد که ميگويند فلانی آنقدر در کار های خانه نالايق است که يک چاينک چای هم درست کرده نمی تواند. اما اگر دقت کنيد، چای دم کردن آنقدر هم آسان نيست.

برای درست کردن چای خوشمزه بايد نکات زير را در نظر داشته باشيد:

○ اگر ممکن باشد از آب خوشمزه کار بگيريد. اگر آب لشم باشد چای درشت نمی آيد. درهر صورت آب را خوب جوش بدهيد يعنی بعد از ان که آب جوش آمد اقلا يک دقيقه آنرا در حالت جوشيدن نگاه داريد.

○ در صورت امکان از چای سبز برگ يا باصطلاح "تولکی" استفاده کنيد زيرا در چای پاکت يا تی بگ نمی دانيد چه نوع چای انداخته شده.

○ چاينک را با آب گرم آبکش کنيد و چای خشک را در ان بريزيد. مقدار دقيق چای خشک بستگی به ذوق مهمان شما و نوعيت چای دارد. معمولاً يک قاشق چای خوری ماله برای يک چاينک چارپياله ای کافيست.

38

- وقتیکه مهمان داشته باشید با چای نو تجربه نکنید. بصورت عموم بهتر است چای تیره باشد تا آبگین زیرا تیره را با آب جوش می توانید رقیق تر بسازید ولی چای رقیق را مجبور خواهید شد که دور بیاندازید.
- آب جوش را آهسته آهسته در چاینک بریزید که تقریباً پر شود. حالا آنرا بر روی داش یا اجاق با حرارت پایین بگذارید و منتظر بمانید که چای جوش بیاید. بگذارید که اقلا یک دو ملاق بخورد. بعد ازان چاینک را از روی حرارت دور کنید و بگذارید یک دقیقه دم بکشد.
- حالا چای درست است. آنرا در پیاله ها یا ترموز بریزید و با قند، بوره، یا نُقل صرف کنید. اگر ذوق مهمان تان را نمی دانید، بپرسید. فرض نکنید که مثلاً اگر شما تلخ می نوشید او هم به بوره ضرورت ندارد. در هیچ صورت بوره را خود سرانه نیفزایید. بگذارید هر کس به ذوق خود پیالهء چای خود را تیار کند. برای بعضی ها حتی شکل پیاله هم اهمیت دارد. من دوست ندارم چای سبز را در گیلاس سیاه قهوه بخورم چون ترجیح می دهم گیلاس شیشه ای باشد تا رنگ طلایی چای از پشت شیشه دیده شود.

Lit. You boy	Young man, I am your friend (lover)	او بچه یارت استم
Lit. sick with love	madly in love	عاشق زار

I will hold the cup for you.	your cup bearer, cup lifter	پیاله وردارت
also فلان	so and so	فلانی
لایق able	incompetent	نالایق
	if you pay attention, to be precise	اگر دقت کنید
often china that is used to hold the tea, not boil it	teapot	چاینک
singular نکته	the following points	نکات زیر
Lit. keep in view	keep in mind	مد ِ نظر گرفتن
Some minerals make water feel slick and soapy.	smooth, slick	لشم
	crisp	دُرُشت
	anyway	به هر صورت
sold تول weight by	by weight	تولکی
	rinse	آبکش کنید
	exact amount	مقدار دقیق
بستن = Tie	it depends on--	بستگی به- دارد
	type	نوعیت
	experiment	تجربه کردن
Lit. dark or thick	strong	تیره
Watery	lighter, diluted	آبگین
Said of liquids	thin	رقیق
	oven, also range	داش
	stove	اجاق
	to boil	جوش بیاید
	generally	بصورت عموم

Coll.	to turn over	ملاق بخورد
	heat	حرارت
	Let it brew	بگذاریددم بکشد
	sugar cube	قند
coated almond	a popular candy	نُقل
Lit. bitter tea	tea without sugar	چای تلخ
without checking	on your own	خود سرانه
	don't add	نیفزایید
	shape of the cup	شکل پیاله
	glass (adj)	شیشه ای
	gold color	رنگ طلایی

تمرین خواندن: کدام یک اول است، کدام دوم ...
جملات زیر را طوری **ترتیب** کنید و نمره بزنیدکه با
درست کردن چای در متن مطابق باشد.

___آب جوش را در چاینک بریزید.
___چای خشک را در چاینک بریزید.
___آب را خوب جوش بدهید.
___بگذارید چای برای یک دقیقه دم بکشد.
___چای را در پیاله ها یا ترموز بریزید.
___چای را در چاینک به جوش بیاورید.

تمرین لغات
لغات مشابه یا لغاتی را که باهم در معنی نزدیکی
دارندباهم جوره کنید.

41

۱ . بــی بــوره	نُقـل
۲ . زرد	چـایـنک
۳ . مـلاق خـورد	یـار
٤ . قـنـد	جـوش آمـد
٥ . حرارت	تـلـخ
٦ . عـاشـق ، دوست	اجـاق
۷ . پـیـالـه	طلایـی

You may have noticed that in Dari, the distinction between eating and drinking is not always observed. Thus in common usage, the verb خـوردن is used with چـای and آب .

رخسار سفید و جلد سیمین دارم
بر چهره جلایش بلورین دارم
گر بوسه زنی عُذار چون شیرِ مرا
تصدیق کنی که طعم شیرین دارم
چیستان

نان افغانی و صحت

نان افغانی مزه دار است ولی متأسفانه بعضی انواع آن برای صحت مضر است. در نان افغانی روغن بسیار بکار می رود. آشپز ها خوش دارند که از روغن زرد کار بگیرند. روغن زرد از مسکه درست می شود. آشپز ها خوش ندارند که چربوی گوشت را دور کنند. بسیاری غذا های خوشمزه در روغن زرد سرخ می شود. حتی سبزیجات را مردم سرخ کرده می خورند. مثلا پالك را معمولا سرخ می کنند.

میوه را که هم خوشمزه است و هم مفید، معمولا بعد از نان و باصطلاح سرِ سیری صرف می کنند در حالیکه اگر میوه و سلاد پیش از نان یا با نان یکجا خورده شود، اشتها برای نان کمتر می شود.

یک مشکلِ دیگر شیرینی های پر کالوری مثلاً فرنی و شیر برنج است که هم بوره و هم شیر دران بکار می رود. شیرینی های هندی مثل گلاب جامن و شیر پیره هم بسیار کالوری زیاد دارند.

مشکل دیگر مهمان نوازی است. میزبان همیشه اصرار می کند که مهمان ها نان بیشتر بخورند و مهمان هم یگان وقت مقاومت کرده نمی تواند. خوشبختانه بسیاری مردم زیاد حرکت می کنند و پیاده راه می روند. برای اینها نان پر کالوری هم زیاد مضر نیست. از طرف دیگر بسیاری مردم نان پرکالوری را زیاد نمی خورند زیرا این غذا ها قیمت استند. مثلا در دهات خوردن گوشت موسمی است و در بعضی فصل ها گوشت خریدن مشکل می باشد.

lit. What is that..	riddle	چیستان
رخ	cheeks	عُذار
پوست	skin	جلد
سیم = نقره	silver-like	سیمین
	Feature, figure	چهره
	shine	جلا یش
	smooth	بلورین
	like milk	چون شیر
from صدق	confirm	تصد یق
Arabic word	taste	طعم
	some	بعضی
from ضرر	harmful	مُضر
	unfortunately	متاسفانه
	cooking oil	روغن
	use	بکار بردن
	tasty	مزه دار
	oil from butter, ghee	روغنِ زرد
	cook	آشپز
	use	کار گرفتن

	like	خوش داشتن
	greasy	چرب
	fat (in meat)	چربو
lit. to make far	remove	دور کردن
	a kind of dumpling	سمبوسه
	to fry	سرخ کردن
	to be fried	سرخ شدن
a plural suffix جات	vegetables	سبزیجات
	spinach	سبزی پالک
	cauliflower	گل پی
	fortunately	خوشبختانه
	useful	مُفید
Ma'moolan	usually	معمولاً
	to be spent, used	صرف شدن
indefinite pron.	one (lit. person)	آدم
lit. over fullness	when full	سرِ سیری
	together with food	با نان یکجا
	less, fewer	کمتر
	sweets	شیرینی
from flour and milk and sugar	a popular dessert	فِرنی
	rice pudding	شیر برنج
	sugar	بوره
	milk	شیر
	hospitality	مهمان نوازی
	insist	اصرار کردن
	host	میزبان
	to be lucky	چانس آوردن
	obligation	مجبوریت
	because	زیرا
	expensive	قیمت

تمرین خواندن:

۱. چیستان را حل کرده توانستید؟ جواب این چیستان یکی از لغاتِ همین متن و همین صفحه است.

۲. از روی متن کدام یک اینها درست است؟

o بعضی وقت ها مهمان نوازی از نظر صحت به ضرر مهمان است.

o اکثریت مردم در افغانستان حرکت کافی نمی کنند و کالوری نمی سوزانند.

o اکثریت مردم نان پر کالوری را به قیمت مناسب تر خریده می توانند.

۳. میوه را افغانها بیشتر چه وقت میخورند؟

o بعد از غذا

o قبل از غذا

o یکجا با غذا

۴. آشپزان افغانی خوش دارند که از _____ کار بگیرند.

o مسکه

o روغن زرد

o روغن زیتون یا دیگر نباتات

۵. در متن چه دلیلی برای سوختاندن کالوری داده شده؟

o اصرار میزبان

o پیاده روی و حرکت

o خوردن میوه بعد از غذا

تمرین گرامر: اشکال مختلف فعل

در جاهای خالی شکل مناسب فعل را بنویسید. توجه کنید که beh+ و فعل امر command درین تمرین بیشتر بکار رفته اند.

لطفاً در تمرین ازلغات زیر کار بگیرید:

خوردن، شدن، نوشیدن، گرفتن، خواستن، رفتن، شرمیدن، خلاص کردن، دادن، ترسیدن، میله کردن

۱. اگر سبزیجات ____، چربی خون تان کم می شود.
۲. اگر موتر تان خراب ___، بمن تیلفون کنید.
۳. اگر گلون درد استید، نباید قهوه _____.
۴. وقتیکه باران می بارد وسرک تراست بر ِک ___ خطر دارد.
۵. اگر تکسی پیسه زیاد _____ باید شکایت کنید.
۶. من ناوقت رسیدم. مهمانان دیگر نان را ____.
۷. بعضی مامورین از کار کردن ____ و نمی خواهند که از مامورین دیگر بهتر معلوم شوند.
۸. من در صنف نهم با بایسکل مکتب _______.
۹. تحفه ____ به یک مامور خوب یک رسم خوب است.
۱۰. اگر ژورنالیست ها ____، حقیقت را نمی گفتند.
۱۱. هوا خوب است. بیایید که _____.

اگه رفتی مزار باغبان باشی
قالینجه بیار باغبان باشی
فلکلور

خط راوان کنی

بچیم برو استراحت کو که صبا بخیر سفر داری.
صبح که خیستی یک دعای خیر گفته حرکت کو.
اگی سرویس گرفته تانستی بسیار خوب می شه.
اگه سرویس رفته بود لاری هم خیر اس. مگر سرِ
بار نشینی. اگه ده سیت پیشروی جای نبود
معطل کو که سرویس دگه بیایه.

ده راه شاید موتر وان برِ چای و نماز استاده
کنه. وقتیکه پایین شدین خوب بگرد که شخی
پاهایت برایه. ده هوتل های راه یگان دفعه
گوشت خوب نمی باشه. نان و چای بخو یا ای کلچه
ره که عمه ات برِت پخته کده همرای چای نوش
جان کو.

وقتیکه بخیر رسیدی یک خط بما نوشته کو. یا
اگه بسیار قیمت تمام نمی شد یک تیلفونک بکو.
احوالِ رسیدن ته بما بتی. مردم اونجه بسیار
چشم سیر استند. گشنه نمی مانی. کار و غریبی
پیدا می شه. مدعا اطور کاری ره قبول نکنی
که پیسه حرام ده او باشه. پول حرام همطور که
بیخبر می آیه همطور بیخبر از پیشت می ره. برکت
نداره. حق مردمه نخو. خدا روزی رسان است.

اگه اینجه پیش ما مانده می تانستی خوبتر می بود. حاله که رفتنی شدی دم راهت خوبی. خدا پشت و پناهت!

bashi is a Turkish word meaning chief, head	head gardener	باغبان باشی
	rest	استراحت
used with mention of travel	with blessings	بخیر
Not past tense, only subjunctive	when you wake up in the morning,	صبح که خیستی
	lorry, truck	لاری
	on top of the load	سرِ بار
lit. Be delayed	wait	معطل کو
	prayer	نماز
colloquial	restaurant	هوتل
Habitual "be" meaning is not normally good.	meat is not good	گوشت خوب نمی باشه
	cookie	کُلچه
from عم = uncle	aunt (father's sister)	عمه
Polite expression	eat, take	نوش جان کو
	when you arrive	وقتیکه رسیدی
lit. didn't end up expensive	not turned out to be expensive	قیمت تمام نشد
	news of your arrival	احوالِ رسیدنت
	give us	بما بتی
lit. eyes full (not hungry)	not greedy	چشم سیر
lit. poverty	work, livelihood	غریبی
lit. desire	as long as	مُدعا
dishonest income	forbidden money, opposite of halal	پیسه حرام
lit. without news	unknown	بی خبر
برکت = blessing	does not last	برکت نداره
حق = right	don't take what belongs to others	حقِ مردمَ نخو

said of God	provider	روزی رسان
رفتنی =intent on going	to be going	رفتنی شدی
colloquial	May good come across you	دم راهت خوبی!
colloquial	God be your protector	خدا پشت و پناهت!
These words are from the exercise.	a traditional dessert made of flour, oil and sugar	حلوا
	Others' country	مُلکِ مردم
	profit, benefit	سود
	smoke	دود

Note the verb in this passage. It has been used in several forms. If any of them sounds confusing, read the first few pages of the "Basic Review of Grammar" at the beginning. The conditional, the contrary-to-fact and similar functions in Dari usually force the past form on the verb even if the frame of reference is present. The passage is also rich in command form. The exercise below will reinforce these two features.

تمرین گرامر: کاربرد فعل
از دو جملهٔ داده شده درست تر و طبیعی تر آنرا انتخاب کنید.

۱. اگه قادر جانه دیدی بر ِش بگو که یک زنگ بزنه.
۲. اگه قادر جانه ببینی بر ِش بگو که زنگ بزنه.

۱. بشینین همرای ما چای خوردین.
۲. بشینین همرای ما چای بخورین.

۱. کوشش کو که بر خود کار پیدا کنی.
۲. کوشش کو که بر خود کار پیدا کردی.

۱. حق مردمه خوردن غلط است.
۲. حق مردمه بخور غلط است.

۱. اگه مه بجای تو استم خانه می خرم.
۲. اگه مه بجای تو می بودم خانه می خریدم.

۱. همینکه کار گرفتی بما خط نوشته کو.
۲. همینکه کار میگرفتی بما خط نوشته میکدی.

تمرین لغات. خانه های خالی را با لغت مناسب از جدول بالا پر کنید.

۱. اگه نیم ساعت دگه م_____ می کدی، مه می رسیدم و یکجای می رفتم.
۲. بفرمایین فرنی ن_____ کنین. همرای شیر کم چربی درست شده.
۳. ا_____ برادرم نامده. کمی پریشان استیم.
۴. حلوایی که مادر کلانم به نذر پخته کده بود بسیار ب_____ داشت. زیاد دوام کد.
۵. سر کوه بلند یک دانه گندم
غریبی می کنم در ___ مردم
غریبی میکنم سودی نداره
چلم کش می کنم دودی نداره[2]

---

[2]On a high mountain, a grain of wheat
I am working in other people's country
I am working but my work has no profit
I am smoking and the chillam has no smoke

۶. برای مسلمانان گوشت سگ و خوک و شاهین ح____ است. آنرا نباید بخورند.
۷. گوشت کبک و کبوتر ح___ است ولی وقتیکه هنوز زنده است باید گردنش بریده شود.
۸. این مرد ریش سفید پول زیاد ندارد ولی بسیار چ____ سیر است و خود را بخاطر چیزی خودر نمی سازد.
۹. موتر ل___ اصلاً برای بار بردن است ولی مردم بر سر بار سوار شده سفر میکنند.___
۱۰. مه خودم فعلاً کار ندارم مگر خدا ر ___ است. هنوز دست ما پیش کس دراز نشده.

Persian woman in Qajar dress

ریسپی سمبوسه

مواد لازم

گوشت گاو چرخ کرده (کوفته) : یک پاو (نیم کیلو)

آرد : دو پیاله

مسکه یا مارجرین : دو قاشق شورباخوری

پیاز: یک دانه (کلان)

سیر: دو دانه

نمک: نیم قاشق چایخوری

بادنجان رومی میده شده : یک قطی متوسط (تقریباً ۱۲ اونس)

تخم مرغ: یک دانه

مرچ سرخ: نیم قاشق چایخوری یا بیشتر اگر تند و تیز خوش دارید.

تهیه مواد

۱. مسکه را آب کرده با نیم پیاله آب سرد، تخم و نمک مخلوط کنید

۲. آرد را در مخلوط بریزید و مخلوط را با دست به خمیرنسبتاً سخت تبدیل کنید

۳. گوشت را در کمی روغن خوب سرخ کنید.

۴. پیاز و سیر را میده کرده با گوشت سرخ کرده مخلوط کنید.

۵. مرچ و نمک را بر گوشت پاش داده شور بدهید.

۶. گوشت را در حدود پنج دقیقه با حرارت متوسط پخته کنید

۷. بادنجان رومی میده شده را درین وقت بگوشت اضافه کنید

۸. گوشت را به همان حرارت، کمی دیگر هم بپزید تا آبش خشک شود.

آماده کردن سمبوسه برای سرخ کردن

۱. خمیر را به چار زواله تقسیم کرده هر کدام را روی تخته باچوب آش هموار کنید که به شکل ورق نازک بیاید.
۲. اوراق نازک را به اندازه ده سانتی در ده سانتی قطع کنید.
۳. در هر یک از خمیر های قطع شده یک قاشق شورباخوری یا بیشتر گوشت پخته شده انداخته آنرا قات کنید
۴. گوشه های خمیر قات شده را کمی تر کرده فشار بدهید که بعداً باز نشود.

حالا که همه مواد آماده شد، روغن کافی (چار پیاله) در دیگ علیحده باندازید. و قتیکه روغن داغ آمد سمبوسه های اماده شده راچند چند دانه در روغن باندازید. بعد از چند ثانیه سمبوسه ها را دور بدهید. همینکه سمبوسه طلایی رنگ شد آنرا بکشید و روی دستمال کاغذی یا دستمال عادی بگذارید تا روغن اضافی آن جذب شود. سمبوسه را با چتنی و سلاته نوش جان کنید.

	ground meat, meat ball	کوفته
	pound (weight unit)	پاو
	flour	آرد
	butter	مسکه
Lit. soup spoon	table spoon	قاشق شورباخوری
Don't confuse with *sayr*	garlic	سیر (seer)
	diced, chipped	میده شده

	box	قُطی
	medium	متوسط
	red pepper	مُرچِ سرخ
	prepare	تهیه
	hot, spicy	تند و تیز
	mix, mixture	مخلوط
	dough	خمیر
	relatively	nesbatan نسبتاً
	to change	تبدیل کردن
	to move, to shake	شور دادن
	to sprinkle	پاش دادن
	same heat	همان حرارت
	approximately	در حُدود
	to add	اضافه کردن
	to (get) dry	خشک شدن
	lump of dough	زُواله
	board	تخته
Lit. level	to flatten, to spread	هموار کردن
	as sheets	بشکلِ وَرَق
	thin	نازک
	to cut	قطع کردن
	to fold	قات کردن
	to press	فشار دادن
	afterwards, later	بعداً
	to (become) open	باز شدن
Often pronounced as *alaayda*	separate	علیحده ('alaaheda)
	when oil is hot	وقتیکه روغن داغ آمد

	how many, a few	چند
	a few pieces at a time	چند چند دانه
	second (clock)	ثانیه
	napkin, paper towel	دستمال کاغذی
	to be absorbed	جذب شدن

تمرین لغات: لغت مناسب را از جدول اضافه کنید.

۱. خانواده های پولدار برای هر طفل اطاق _____ می دهند.
۲. گوشت پخته شده را بر ____ قطع شده بگذارید.
۳. سمبوسه را در ____ چند چند دانه سرخ کنید.
۴. خمیر را بر روی ______ هموار کنید.
۵. گوشت را باید برای پنج دقیقه در حرارت ______ پخته کنید.
۶. در سمبوسه ______ سرخ بریزید که تند و تیز شود.
۷. برای پاک کردن دست و دهان در وقت نان خوردن ______ بسیار عملی و آسان است.

تمرین خواندن:

۱. کدام یک ازین مواد در آماده کردن سمبوسه بکار نمی رود؟

- گوشت چرخ کرده یا کوبیده
- خمیر
- سیر
- سبزی

۲. سمبوسه معمولاً چه شکل دارد؟

○ مثلث (سه گوشه ای) △
○ مستطیل (چار گوشه ای) ▭
○ بیضوی (مثل تخم مرغ) ⬭

○ دایره (گِرد) ◯

۳. سمبوسه را چرا روی دستمال کاغذی می گذارند؟

○ بخاطری که مزه اش خوبتر شود
○ بخاطری که خشک نشود
○ بخاطری که روغن آن کمتر شود

58

شب زفاف کم از روز پادشاهی نیست
بشرط آنکه پسر را پدر کند داماد

خانواده

قلندر یک خانواده ی نسبتاً کوچک دارد. خودِ قلندر با خانمش نجیبه در خانهء پدر خود زندگی می کند. برادر خورد قلندر هم که ظریف نام دارد در همان خانه است. ظریف بعد از عروسی برای خود در طرف دیگر حویلی یک اطاق و یک تشناب درست کرده. نان شب را معمولاً همه با هم می خورند. نجیبه و ثریا زن ظریف به نوبت کار می کنند. یک روز نجیبه خمیر می کند، نان می پزد و شوربا یا کدام قتق دیگر درست می کند. روز دیگر همین کار ها را ثریا انجام می دهد. مادر قلندر اکثراً کمک و دست پیشی می کند. ظرف شویی وظیفهء اولاد های قلندر و خواهر خوردش است. قلندر می گوید که بهتر است نان خشک را از نانوایی بیاوریم ولی مادرش هنوز این نظر را قبول نکرده است. بنظر او نان بازار مزهء نان خانه را ندارد.

قلندر دوکان نجاری دارد و ظریف موتر وانی می کند. عائد ماهانهء این خانواده آنقدر نیست که همیشه گوشت خریده بتوانند. ولی در دهات بسیاری سبزی جات برای شان مفت تمام می شود. در بهار قسم قسم سبزی های خوردنی در زمین ها می رویند و اطفال آنها را جمع می کنند. منتهی سمارق را اگرچه همه خوش دارند خود شان جمع نمی کنند برای اینکه می ترسند مسموم نشوند.

باغچهء کوچکی که در حویلی درست کرده اند برای شان بادنجان رومی، کچالو، زردک و پیاز می دهد. مُلی و نعنا را هم از باغچه بدست می آرند که با شوربا بخورند.

برای زمستان خود گوشت قاق می داشته باشند. قلندر شوق شکار دارد و در زمستان مرغابی شکار می کند و در بهار کفتر و دیگر پرنده ها را. گنجشک هم گوشت مزه دار دارد ولی آنرا قلندر از دام شانان می خرد یا از بازار می آورد. یکی دو بار هم کلنگ شکار کرده بود ولی خانمش می گفت گوشت کلنگ خاک بوی می دهد.

ظریف که زیاد در خانه بوده نمی تواند، آوردن میوه و یگان هوسانه را بگردن گرفته. وقت خربوزه از سمت شمال خربوزه می آرد و در زمستان از پیشور مالته و نارنج می آرد. یکبار از غزنی بهترین قیماق آورده بود و خانم قلندر که از کابل است مهارت خود را در تیار کردن قیماق چای به همه نشان داده بود. اولاد ها هنوز هم راجع بآن قیماق چای و کباب مرغ به آب و تاب قصه می کنند.

	wedding night	شب زفاف
	on the condition that	بشرط آنکه
داماد son-in-law, groom	the father do the wedding	پدر کند داماد
	Relatively	نسبتاً
خورد	small	کوچک
	Qalandar himself	خودِ قلندر
	courtyard	حویلی

	restroom, washroom	تشناب
کوته	room	أطاق
for example stew, soup, eggplant	food taken with bread	قتق ، قتغ
معمولی = ordinary	usually	معمولا
	taking turns	به نوبت
	make the dough	خمیر می کند
lit. finishes, ends	performs	انجام می دهد
lit. offer a hand	help out	دست پیشي
	dish washing	ظرف شویی
	job, duty	وظیفه
	bakery	نانوایی
	carpenter	نجار
موتروان = driver	drives (a truck)	موترروانی می کند
	income	عائد
	is not that much	آنقدر نیست
رایگان	free of charge	مفت
	grow	می رویند
	gather	جمع می کنند
	mushroom	سمارُق
سم = Arabic for poison	are afraid of getting poisoned	می ترسند مسموم نشوند
	potato	کچالو
from زرد	carrot	زردك
	onion	پیاز
	radish	مُلی
پودینه	mint	نعنا
	dried lamb	گوشتِ قاق
	liked to hunt	شوق شکار داشت
variation دام نشان	one who lays a snare	دام شان
	smells of dirt	خاك بوی می دهد
	some	یگان
هوس = desire	specialty food,	هوسانه
lit. taken on his neck	has volunteered for	بگردن گرفته
quite a fancy and popular	cream	قیماق

tea prepared with cream and milk for special days.	skill, merit	مهارت
	tea with milk, cream	قیماق چای
	elaborately	به آب و تاب

تمرین لغات
اگر لغت ستون راست و چپ مشابه اند، "بلی" بنویسید و در غیر آن "نی" بنویسید .

بلی	خورد khurd	۱ . کوچک
	دست و روی شستن	۲ . تشناب
	سبزی	۳ . خمیر
	سلاد	۴ . بادنجان رومی
	شوربا	۵ . وظیفه
	نان خشک	۶ . نانوایی
	گردن	۷ . هوسانه
	شیر	۸ . قیماق
	سمارق	۹ . مهارت

تمرین خواندن: درست است یا نا درست؟
۱ . برادر قلندر نجار است. ـــــ
۲ . آشپزی را مادر قلندر میکند. ـــــ
۳ . اولاد ها از زمین ها سمارق جمع می کنند. ـــــ
۴ . خانم ِ قلندر در درست کردن قیماق چای مهارت دارد. ـــــ
۵ . برادر قلندر از پشاور مالته می آورد. ـــــ
۶ . مادر قلندر نان خشک بازار را بر نان خانه ترجیح میدهد. ـــــ
۷ . ظریف برای خود یک تشناب جدا درست کرده . ـــــ
۸ . قلندر در خانهء پدر خود زندگی می کند. ـــــ

رمضان رفته بود باز آمد
بی نمازها سر ِنماز آمد
فلکلور

رمضان

امسال رمضان وقت خوب آمده. روزه در زمستان هیچ سختی ندارد. البته برای آدم های سگرتی و چرسی روزهٔ نیم روز هم مشکل است. برای دیگران روزه در زمستان ساعت تیری ست.

بسیاری مردم وقت سحری شیر و پنیر با نان می خورند. بعضی ها برنج و قورمه هم می پزند. من دیده ام که زنان سر شب خمیر می کنند و برای سحری نان گرم می پزند.

نزدیک شام همه تیاری افطار را می گیرند. خرما و چاینک چای را نزدیک می مانند، سلاته را درست می کنند و ترشی و مرچ را از مرتبان می کشند. صدای آذان یا توپ را که شنیدند، روزه را با خرما افطار می کنند. کمی چای یا یکی دو لقمه نان هم می خورند. بعد ازان نماز شام را در خانه یا در مسجد می خوانند. بعد از نماز نان را به فرصت نوش جان می نمایند.

در کابل رواج است که مردم شب به رستوران ها و کافی ها می روند و موسیقی زنده یا لایف گوش می کنند. یگان کس ها تا سحری اصلاً نمی خوابند. کمبود خواب خود را بعد از ظهر ها تلافی می کنند. این خواب بعد از ظهر روز را هم برای شان زود تیر می کند.

دفتر های دولتی صبح زود تر باز می شوند ولی ساعت یک یا دو بسته می شوند. تا آن وقت اعصاب ها در هر صورت خراب می باشد.

شب ۲۹ رمضان همه گوش بآواز می باشند که عید می شود یا نه. اگر مهتاب را کدام جایی در مملکت های دور و پیش دیدند، رسانه ها اعلان می کنند که فردا عید است. در غیر آن روز سی وم را هم روزه می گیرند.

عید برای همه لذت بخش است مخصوصاً برای اطفال که لباس نو می پوشند و عیدی می گیرند. اما بهترین عید البته از کسانیست که روزه را بی کم و کاست گرفته اند و مطابق روحیهٔ روزه با تقوی زندگی کرده اند، کسانیکه با برادران و همسایه های خود با اخلاص کمک و همدردی کرده اند.

	the fasting month	رمضان
Ideally people should pray all the times, but some people don't observe prayers during other months and suddenly become pious during Ramadan. Hence this comic folk poem.	Those who don't pray started praying.	بی نماز ها سرِ نماز آمد
	winter	زمستان
	fun, pastime	ساعت تیری
	cheese	پنیر
	stew (gourmet?)	قورمه
	early evening	سرِ شب
To make the fast easier, people wake up before dawn and have food and drink, then declare their intent to fast.	pre-dawn breakfast	سحری
	fast breaking	افطار
	they prepare	تیاری می گیرند
	dates	خُرما
	pickled eggplant	ترشی
When people had no	jar	مرتبان

watches, they listened to a mullah's Azan to start and stop the fast. Sometimes a cannon was fired or loud drums were played.	call to prayer	آذان
	cannon	توپ
	when they heard	که شنیدند
	morsel, bite	لقمه
	mosque	مسجد
	dusk prayer	نماز شام
	they eat (extra polite expression)	نوش جان می نمایند
	compensate for	تلافی می کنند
	pass (time)	تیر می کند
	government offices	دفتر های دولتی
Lit. nerves are bad	[people] are irritable.	اعصاب ها خراب است
	be all ears	گوش بآواز بودن
	whether it will be the Eid or not	عید می شود یا نه
	all around	دور و پیش
	media	رسانه ها
	otherwise, else	در غیرِ آن
	enjoyable	لذت بخش
	cash given to children on Eid day	عیدی
کاستن to reduce	fully, completely	بی کم و کاست
	according to the spirit of fasting	مطابق روحیهء روزه
	pious	با تقوا
	neighbor	همسایه
	with sincerity	با اخلاص
Lit. have the same pain	sympathy	همدردی

تمرین گرامر: جملات را با فعل حال present tense از لست افعال داده شده تکمیل کنید.

۱. اگر مهتاب دیده شد، رسانه ها ________ که عید شده.

۲. روزه داران از صبح تا شام گرسنه ______

۳. والدین و دیگر اقارب به اطفال عیدی ____

۴. اکثر اطفال روز عید لباس نو ______

۵. در کابل شب ها مردم در رستوران ها به موسیقی ______

۶. نزدیک افطار مردم آمادگی می گیرند و ترشی را از مرتبان ______

۷. زنان در اطراف برای سحری نان گرم ____

۸. مامورین از کار زود تر می آیند و کمبود خواب خود را _____

۹. بسیاری مردم بعد از افطار نماز _____.

۱۰. روزه برای کسانیکه معتاد به سگرت است بسیار مشکل می باشد زیرا از صبح تا شام از سگرت کشیدن ______.

پوشیدن، ماندن، گوش دادن، اعلان کردن، دادن، پختن، کشیدن، خواندن، خود داری کردن، تلافی کردن

اگر شکل حال این افعال را خوب نمی دانید، جدول های افعال را در ضمیمهء B ببینید (۱۷۸)

If you have difficulty forming the present tense of these verbs, consult the two tables of verbs in Appendix B (178)

سرخ و سفید همدم خوبانم ای
سبزینه رنگ آمده مهمانم ای
آهنگ فلکلوری

در بارهٔ رنگ ها

رنگ جزء مهم هر زبان است و دری هم ازین قاعده مستثنی نیست. معنی و ارزش رنگ ذهنی است و از فرد تا فرد و از یک فرهنگ تا فرهنگ دیگر تفاوت می کند.

آسمان آبی رنگ است. رنگ بحر و دریا هم آبی است. رنگ سبزه سبز است. آدم ها گاهی چشم سبز دارند. مردم رنگ سبز را رنگ خوشبختی می دانند. بچه و دختری که رنگش بطرف سیاهی میلان داشته باشد سبزه گفته می شود. وقتیکه کسی از یک جا می رود و مسافر می شود، مردم به خانهٔ او نزد اقارب و خانوادهٔ اش می روند و می گویند: جایش سبز باشد.

رنگ لیمو، نرگس، زرچوبه و زردآلو زرد است. آدمیکه مریض شود رنگش زرد می زند. کسی که عاشق شود رنگ او هم زرد می شود. یک نوع مرض جگر که در اثر آن رنگ آدم زرد می شود بنام زردی یاد می شود.

سرخ رنگ خون است. آدمیکه صحتمند باشد سرخ و سفید می باشد. کسی که احساس شرم و خجالت کند گونه هایش سرخ می شود. کسی که امکان شرمسار شدن او باشد ولی نیکنام شود سرخرو گفته می شود. کشور های سوسیالیستی بیرق خود

را سرخ انتخاب می کنند که موقف رادیکال خود را نمایش بدهند.

سفید رنگ مقدس است. برف، شیر، و روشنی سفید است. لباس عروسی سفید است، برعکس لباسِ نکاح که سبز می باشد. کسی که خوشبخت باشد او را سفید بخت می گویند. دو امباق را که مقایسه می کنند یکی را سفید بخت می گویند و دیگری را سیاه بخت. طبعاً آن زن که شوهر اورا بیشتر دوست دارد لقب سفید بخت را می گیرد. ملا ها و مُدرّسین معمولاً لباس سفید بتن می کنند.

سیاه رنگ رسمی شناخته شده. لباس جنازه و شب نشینی ها و عروسی ها برای مردان یا سیاه است یا سرمه ای که به سیاه بسیار نزدیک است. چشمان سیاه و زلف یا موی سیاه در شعر و آهنگ های موسیقی فوق العاده زیاد شنیده می شود. سیاه پوشیدن علامهٔ غم و ماتم شمرده می شود.

متأسفانه رنگ سیاه در دری هم مثل انگلیسی معمولا ارزش منفی دارد و قهرمانان و اعمال زشت و شیطانی را سیاه نشان می دهند. وقتی آدم بیچاره و بدبخت شود میگویند روزش سیاه شد. کسی که شرمنده شود می گویند رویش سیاه شد. در وقت برفی بردن اگر کسی گیر بیاید، رویش را با زغال سیاه می کنند.

بسیاری رنگ ها نام خود را از میوه ها و دیگراشیا ی دور و پیش می گیرند مثلا نارنجی،

لیمویی، ماشی، زیره ای، شیرچایی، شکری، پسته ای، قهوه ای، خاکی، آتشی، فیروزه ای.

رنگ ها مثل انسان ها با هر رنگ دیگر جور نمی آیند. بهترین رنگ را هم اگر در کنار رنگی بگذارید که با آن نخواند بد رنگ می شود. آدم ها در رابطه با رنگ از یکدیگر فرق دارند و هر رنگ به جان هر کس نمی نشیند. رنگ های شوخ و تیز بسیاری چیز ها و آدم ها را خوب نمی گوید.

آمدیم از راه شینه آذان داده پیشینه
ده جانکِ اوغان جان، کالای سیاه می شینه

	an associate of the pretty ones	همدم خوبان
Exclamation	no particular meaning	اِی
	with darker complexion	سبزینه
	is no exception to this rule	ازین قاعده مُستثنی نیست
	sea, ocean	بحر
	river	دریا
	grass	سبزه
	of darker complexion	سبزه
	fortune, happiness	خوشبختی
	dark, op. of light	تاریک
	tends, leans towards	میلان داشتن
	away from home	مسافر
from نزدیک	towards, to	نزدِ
	relatives (formal)	اقارب
	narcissus	نرگس

	he/she looks yellow	رنـگش زرد مـی زنـد
	jaundice	زردی
	villages	د هـات
	radical position	مـوقـف رادیـکـال
	sacred	مـقـدس
	snow	بـرف
	light	روشنـی
	wedding gown	لـبـاس عروسی
	matrimony (the vows)	نـکـاح
	on the contrary	بـر عکس
	fortune, luck	بخت
They are "ambaqs" to each other.	each one of the wives in a polygamous marriage	امـبـاق
	when they compare or contrast	کـه مـقـایـسه میـکنـند
	title	لـقـب
Lesson درس	religious teachers	مُـدرسیـن
	official, formal	رسمی
	funeral	جنـازه
	reception	شب نـشینـی
	dark blue	سرمـه ای
	song	آهنگ
	extra-ordinary	فـوق الـعـاده
	mourning	مـاتم
	negative value	ارزش مـنفـی
	immoral characters	قـهـرمـانـان زشت
	evil acts	اعمـال زشت
	shamed (adj)	روی سیـاه
When first snow falls,	a traditional game	بـرفـی

70

you take snow to someone's house. If they catch you, they will paint your face with charcoal. If not, you win a dinner.	goes with it	با آن مي خواند
	does not get along	جور نمي آيد
	fits him/her, goes with him/her	ده جانش می شینه
	goes with, is harmonious	خوب میگه (می گوید)
	probably a place name	شینه
	[The priest] has called for the afternoon prayer	آذان داده پیشینه
Awghan is a proper noun probably someone who is Pashtun ethnically.	goes well with Afghan jaan	ده جانک اوغان جان، کالای سیا می شینه

تمرین خواندن: درست است یا نادرست؟

١. لباس عروسی سبز می باشد. ____

٢. لباس شب نشنین ها سیاه است.__

٣. سفید پاکی و اخلاق خوب را نشان می دهد__.

۴. رنگ سیاه در بعضی موارد علامهء خصوصیت های منفی و ناخوشایند است.__

۵. روز آدم بدبخت سفید می باشد.__

تمرین لغات: جاهای خالی را پرکنید.

١. زنی که شوهر دوستش دارد __ بخت است.

٢. پیرهن سفید با نکتایی سرمه ای می ____.

٣. رنگ بحر و دریا ____ می باشد.

۴. لیمویی رنگ ____ است ولی کمرنگ و خفیف.

۵. اگر پسر کسی به پوهنتون یا فاکولته برود، به خانواده اش بگویید جایش _____.

۶. بیرق افغانستان سیاه، ____ و سبز است.

رنگی ست چو ارغوان مینوش مرا
بگرفته بهارِ گل در آغوش مرا
آن شاخه که تکیه گاه غمخوار من است
افگنده چو گوشواره در گوش مرا
چیستان

میوه های محبوب مردم

افغانستان همیشه در داشتن میوه های خشک و تازه شهرت داشته. یک معاهده ای که میان حکمروایان پنجاب، یک شهزادهء افغان و انگلیس ها قبل از جنگ اول افغان و انگلیس امضا شد یک مادّه جالب دارد: درین مادّه شهزاده قبول می کند که چندین نوع میوه بشمول بادام و کشمش را هر سال به پنجاب بقسم تحفه بفرستد.

امروز همسایه های افغانستان و حتی کشور های دور دست مثل جاپان از ان میوه وارد می کنند.

در قندهار انار شهرت زیاد دارد. انار قندهار آبدار و خوشمزه است. در صفحات شمال خربوزه کشت می شود و بعضی انواع خربوزه آنقدر نازک است که تا کابل آورده شده نمی تواند. در هرات انگور های رنگارنگ یافت می شود و یک نوع کشمش هرات را یک مؤسسهء انگلیسی در جملهء ده خوردنی کمیاب که در حال محو شدن اند شامل ساخته است.

در پروان توت بر سر زبانهاست. در ماه جوزا فصل توت شروع می شود و مردم آنرا از درخت می تکانند و با آب سرد می شویند. توت نازک است و همینکه تکانده شد باید خورده شود. در پروان انگور هم زیاد است. انگور اگر درسایه خشک شود به کشمش

سبز تبدیل می شود. از همین خاطر کشمش سبز را درآنجا سایه گی می نامند.

توت هم برای استفادهء زمستان خشک کرده می شود. توت خشک را گاهی با چار مغز یکجا می کوبند و خشت خشت برای زمستان نگاه می کنند. این توت میده شده و خشک شده را تلخان می گویند که گرچه نامش تلخان است، اصلاً تلخی ندارد.

میوه های زمستانی مثل مالته، نارنج و لیمو تنها در جاهای گرم مثل جلال آباد ثمر می دهد. لهذا بیشتر این میوه ها از پاکستان وارد می شود. کیله و ام هم از میوه های وارد شده بشمار می رود.

در مناطق سرد سیر مثل بدخشان سیب و ناک پیدا می شود. انجیر و آلو در بسیاری قسمت ها رشد می کند ولی آلوبخارا در غزنی و شفتالو در هرات و ناک در سرپل نام دارد. گیلاس یا میوهء شبیه بآن الو بالو هم میوهء جاهای سرد است مثلا پغمان در گیلاس و گردیز در آلو بالو نام دارد.

شاعران میوه را وسیلهء خوبی برای تشبیهات خود می دانند. چشم را به بادام، دهن را به پسته، سینه را به انار، و زنخ را به سیب تشبیه می کنند. ولی بهترین میوه برای خیّام شاید انگور بوده باشد زیرا شراب ازان ساخته می شود:

گویند کسان بهشت با حور خوش است
من می گویم که آب انگور خوش است
این نقد بگیر و دست ازان نسیه بدار
کاواز دُهل شنیدن از دور خوش است

same as چون	like	چو
	Judas-tree	ارغوان
	wine-drinking	می نوش
	spring	بهار
بگرفت = گرفت	has embraced	بگرفته در آغوش
غم خوردن= To feel sorrow	A place to lean sympathetic to me	تکیه گاه غمخوار من است
	has thrown	افگنده
	earring	گوشواره
from vow = عهد	treaty, agreement	معاهده
مواد plural; don't confuse with the similar word meaning female	article	مادّه
	rulers	حکمروایان
	as a gift	بقسم تحفه
	far	دور دست
		بادام
		کشمش
	pomegranate	انار
	juicy	آبدار
صفحه = page	Northern plains	صفحات شمال
	melon, cantaloupe	خربوزه
	is planted	کِشت می شود
	is so tender that	آنقدر نازک است که
	British organization	مؤسسه ء انگلیسی
from یافتن =find	rare	کمیاب
	disappearing	در حال محو شدن
lit. on tongues	well-known	بر سرِ زبانها
	mulberry	توت
	they shake	می تکانند
	As soon as it is shaken	همینکه تکانده شد
	grape	انگور
	shade	سایه
	is dried	خشک کرده میشود

Talkhan is dry mulberry ground and sometimes mixed with nuts to be consumed in the winter. Good cheap source of energy.	walnut	چارمغز
	ground mulberry	تلخان
	they grind	مي كوبند
	in the form of bricks	خشت خشت
	ground	ميده شده
	bitterness	تلخي
	oranges	مالته
	lemon, lime	ليمو
,used in chutneys and also squeezed on rice	sour orange	نارنج
	sets fruit, bear fruit	ثمر مي دهد
	therefore	لهذا
	is imported	وارد مي شود
	banana	كيله
	mango	آم
	imported	وارد شده
شمار = count	is considered	بشمار مي رود
sing. منطقه	cold regions	مناطق سرد سير
	apple	سيب
	pear	ناك
	fig	انجير
	plum	آلو
	prune	آلو بخارا
	cherry	گيلاس
	sour cherry	آلوبالو
	is famous	نام دارد
	tool	وسيله
	similes	تشبيهات
	almond	بادام
	breast	سينه
	chin	زنخ
Author of the *Rubaiyat*	Omar Khayyam	خيّام
sing. كس	People say	گويند كسان
	paradise	بهشت
Beautiful women	nymph, Houri	حور
	cash/loan	نقد/نسيه

تمرین گرامر: فعل مجهول (passive voice)

The verb that helps in the formation of the passive voice is شدن

The main verb is used in its participle form

خورده، برده، گرفته، داده، خریده

Remember that in passive voice, the real subject is no longer the focus of the sentence and instead the object takes over the central position. *The felon* was arrested. *Dinner* is served.

با استفاده از لغت بین قوس ها جمله را تکمیل کنید. مثال برای تان داده شده.

۱. موتر، ماشین آلات، و پطرول از خارج به افغانستان **وارد می شود** (وارد کردن).

۲. بعد ازینکه چای صبح _____، اطفال به مکتب رفتند و دیگران بکار (خورن).

۳. انجیر هم تازه بود و هم ارزان. از همین خاطر زود _____ (فروختن).

۴. رباعیات خیام به چندین زبان _____ (ترجمه کردن).

۵. در جاییکه باغ های میوه بود حال متأسفانه خشخاش _____ (کِشتن).

۶. با وجود احتیاط سه نفر ملکی _____ (کُشتن).

۷. انار از قندهار به جاپان _____ (صادرکردن).

۸. _____ که نفوس کابل حالا به چار ملیون رسیده است (گفتن).

۹. یک دزد نامدار _____ ولی بزودی از زندان فرار کرد (گرفتن).

۱۰. _____ برای بعضی مشاورین معاش های بلند دالری _____ و هیچ کس نمی پرسد که این آدم ها کار می کنند یا نه (دادن).

صبح دمید و روز شد، یار شبینه خانه رفت
مرغ سحر تو گم شوی ، یار باین بهانه رفت

پــرنــدگـان

مـردم بـه پرنـدگان علاقـهء بخصوصی دارنـد . بـلـبـل
کـه شعرا میگویند عاشقِ گل است بـه خوش آوازی
شهرت دارد . کبک خواننـده ء کهسار است و
رفتارش را هم زیبا گفتـه انـد . متأسفانـه
گوشتش هم بسیار نازک و خوشمزه است و از همین
خاطر کبک را زیاد شکار می کنند .

مـرغابی اگر چه گوشت خوشمزه ندارد مورد علاقـهء
شکاریان است . خروس عاشقـان را عصبانـی می
سازد زیـرا آذان دادنش رسیدن صبح را اعلان می
کند . می دانـیم کـه صبح وقتیست کـه معشوقـه
باید ناچار از آغوش عاشق فرار کند .

ماکیـان را کودکان دوست دارنـد زیـرا تخم می
گذارد و بـعد تخم ها را بـا حرارت وجودش بـه
چوچه تـبدیـل می کند .

مشهور تـریـن پرنـده ء کوچک گنجشک است . گنجشک
در حویـلی ها آشیانـه می سازد و بـر پرچال ها
خیـز و جست می زنـد .

از پرنـدگان بـزرگ قُو بـه خاطرِ پرِ سفیـد و
نـرمش معروف است . کلنگ را شکاریـان دوست
دارنـد چون یکی آن یک خانـوادهء بـزرگ را سیر
می کند . کلنگ ها در قطار های هندسی پرواز

77

می کنند و بالهای گسترده‌ء شان تا دو متر می رسد.
مردم بودنه را بخاطر جنگ دادن نگاه می کنند.
بودنه در کُرد های گندم و در میان سبزه ها می باشد.

کبوتر که در زبان عامیانه بآن کفتر گفته می شود پرنده‌ء دوست داشتنی جوانان است. کفتر ها رنگ رنگ می باشند. کفتر های صحرایی یا ثوری آبی رنگ اند و چنانچه نام شان نشان می دهد در ماه ثور یا فصل بهار دیده می شوند. کفتر ها دوست دارند در جاهای بلند و کمر کوه ها خانه کنند. در قصه ها از کبوترِ نامه بر یاد شده که گویا نامه‌ء صلح را از یک جناج به جناح دیگر می برده است.

پرنده ایکه از شهرت تاریخی بر خوردار است باز نام دارد. باز و باشه و عقاب یا شاهین که بزرگتر از آنهاست پرنده های شکاری اند. بعضی ها باشه یا باز را تربیه میکنند که برای شان شکار کنند. عربهای خلیج گاهی بافغانستان می آیند که باز بخرند. میگویند در آریانای قدیم هر کسی که بر شانه‌ء او باز سفید می نشست پادشاه می شد. خوشحال خان شاعر مهم پشتو کتابی بنام بازنامه دارد. جوانان که با پرنده های مختلف خود را مشغول نگاه میکنند با باشه و باز هم بازی می کنند:

لب لب نار آمدی -- باشه شکار آمدی
باشه را بانه کده - دیدنِ یار آمدی

دَم breath	dawn broke	صبح دمید
	excuse	بهانه
	May you get lost	تو گم شوی!
خاص	particular	بخصوص
	Nightingale	بُلبُل
	partridge	کبک
کوه	mountains	کهسار
	Meat	گوشت
	Tender	نازک
	duck	مرغابی
nerve = از عصب	angry	عصبانی
The one loved	Mistress	معشوقه
	Lover	عاشق
colloquial: بغل	arms, embrace	آغوش
	Escape	فرار
	hen	ماکیان
گرمی	heat	حرارت
	Body	وجود
	sparrow	گنجشک
روی حویلی	Courtyard	حویلی
	nest	آشیانه
It is there mainly to reduce erosion.	eaves (usually loose wood covering top of the wall)	پرچال
	jumping around	خیز و جست زدن
Don't confuse with a similar word which is a type of kebab: (qaw) قو	swan	قُو
	Feather	پَر
	Crane	کُلنگ
	extended family	خانوادهء گسترده
	row	قطار
from هندسه	geometric	هندسی
	Quail	بودنه
	to make something fight	جنگ دادن

	field (in farming)	کُرد
	Wheat	گندم
	grass	سبزه
	pigeon	کبوتر
	colloquial language	زبان عامیانه
	lovely, favorite	دوست داشتنی
	the second month of spring	ثور
کمر waist	cliffs	کمرِ کوه
	letter carrier (pigeon)	نامه بر
	Hawk	باز، باشه
	Gulf	خلیج
	Eagle	عقاب، شاهین
	they train	تربیه می کنند
	shoulder	شانه
	king	پادشاه
نهر = canal, stream (coll. pronunciation)	along the stream's banks	لب لب نار
hunt *with* a falcon?	falcon hunting	باشه شکار
coll for بهانه	pretext, excuse	بانه

تمرین لغات:
خانه های خالی را با لغات مناسب از جدول بالا پر
کنید.

۱. پرندگان بر شاخه های درخت آ_____ می
سازند و در آن تخم می گذارند.

۲. ک_____ پرنده ایست که پیام صلح را از
یکطرف به طرف دیگر می برد.

۳. مردم در ح_____ خود ترکاری و سبزی می
کارند.

۴. ک_____ یک پرندهٔ بزرگ است که رنگ
خاکستری دارد و پروازش بلند است.

۵. در میان کُرد های گندم ب_____ پیدا می شود.

۶. پرندهء شکاری ای که برای گرفتن آن مردم از خلیج فارس می آیند ب_______ است.
۷. پ______ افغانستان شکار را خوش داشت.
۸. در کهسار ک___ بصدای بلند می خواند.
۹. م____ را اطفال دوست دارند زیرا در حویلی چوچه می دهد.
۱۰. م____ ها پرنده های جالب اند که پر های رنگین و پر جلایش دارند و در آب شنا می کنند.

تمرین خواندن. پرنده را با رنگ یا کدام صفت دیگرش جوره کنید

گنجشک	۱. محبوب اطفال
قو	۲. رنگارنگ، نامه بر صلح
کبوتر، کفتر	۳. محبوب شاعران
باشه	٤. خوشمزه است
ماکیان	٥. مرغ شکاری است
کبک	٦. کوچک و خانگی
بُلبُل	۷. سفید و کلان

فکاهی کورس انگلیسی

یک جوان افغان تازه به امریکا آمده بود.
یک روز از کنار یک حوض آببازی می گذشت.
دید که یک امریکایی در حوض تنها در حال
آببازیست و بصدای بلند چیق می زند:

Help! Help!

بچهء افغان با و به دری گفت:
سزایت بتر! اگه همو پیسه ای ره که بر کورس
انگلیسی دادی، بر کورس آببازی می دادی
حاله غرق نمی شدی.

lit fresh	recently, newly	تازه
شنا	swimming pool	حوض آببازی
	was passing	می گذشت
	swimming	در حال آببازی
	is screaming	چیق می زند
lit. your punishment be worse	serves you well	سزایت بتر
همو = همان	the money that	همو پیسی ره که
Past tense is used to make contrary-to-fact conditional.	now	حاله (حالا)
	would not have drowned	غرق نمی شدی

تمرین خواندن

درست است یا نادرست؟

۱. از فکاهی معلوم می شود که در کابل کورس های انگلیسی زیاد شده.___

۲. بچهء امریکایی در ساحل بحر آببازی میکرد.___

۳. بچهء افغان چندین سال در امریکا زندگی کرده بود.___

۴. آدمی که در حوض بود ________ می زد.

- o چیق
- o گپ
- o دست

۵. افغانی که تازه به امریکا آمده بود آدم ________ بود.

- o دلسوز
- o دلاور و باغیرت
- o بی تفاوت

تمرین گرامر: جملات با "اگر" و "ای کاش" (I wish)

This exercise gives you a chance to practice the conditional in Farsi. For conditionals, it is normal to use the past tense, although one can construct it in present also using the beh+ form.

When the conditional refers to something that did not happen –contrary to fact—then the narrative past tense must be used:

از آمدنت اگر خبر می داشتم
پیش قدمت کوچه را گل میکاشتم
گل می کاشتم گل ِ گلاب می کاشتم
خاک قدمت بدیده می ورداشتم

Had I known that you were coming here
At your feet, I would have planted flowers in the street
Would have planted flowers, would have planted roses
Would have picked with my eyes the dust under your feet

جمله را تکمیل کنید.

۱. اگر کورس آببازی ____حالا بیغم ______.
- o می گرفتی/ می بودی
- o می بودی/ می شدی
- o گرفتی/ بودی

۲. اگر من داکتر طب __ موتر لکسس میخریدم
- o می بودم
- o باشم
- o بودم

۳. کاشکه مرض سرطان علاج ________
- o داشته بود
- o دارد
- o می داشت.

نانش صحیس یا چرب و سرخ کده؟

من آن نیم که حلال از حرام نشناسم
شراب با تو حلال است و آب بی تو حرام

مصالحه در رستوران

قدیر — چه پلان داری؟

جلوه — امشو می خایم بیرون برم

قدیر — بهترین نظر اس. کجا بریم؟

جلوه — مه کَی گفتم همرای شما می رم؟

قدیر — پروا نداره. شما برین مه تلویزیون سیل می کنم.

جلوه — مزاق کدم. بریم بولانی خوردن.

قدیر — خی میریم رستوران جوانان. هم بولانی داره هم کباب.

جلوه — مه اونجه هیچ وقت نرفتیم. چه قسم جای اس؟

قدیر — جای خوب اس. مه ذوق تو ره می فهمم. فضایش جالب است، موسیقیش خشن نیست، چوکی هایش آرام اس و از همه مهمتر نانش مزه دار اس.

جلوه — ده مورد مهمترین مسأله سکوت کدی: نانش صحی اس یا چرب و سرخ کده؟

قدیر — بولانی خو سرخ کده می باشه مگم بر. آشپیز میگیم که از روغن زیتون کار بگیره و کم چربی درست کنه

جلوه — جدّی؟ اقدر وسعت نظر دارن؟

قدیر	هان کاملاً مطمئن باش. رقم تو کمر باریک ها زیاد می آیند.
جلوه	مقصد که رقم تو کالوری شمار نباشن که از کوکا کولا پرهیز کنن ولی کبابه همرای دمبه بخورن.
قدیر	نی مه حاله بسیار اصلاح شدیم. حتی ترکاری جوش داده می خورم. او ره چه می کنی که چایه بدون کیک و کلچه می خورم.
جلوه	ولا عجب کاری شد. امشو از بقلاوه و جلیبی خبری نیس.
قدیر	نی او نها ره خو همرای قهوه می خوریم.
جلوه	اما شوخی بر طرف، مه یک پیشنهاد دارم: مه از بولانی منصرف می شم و یک خوراک کبابه هر دوی ما شریکی می خوریم.
قدیر	ای خو فوق العاده یک مفکورهء افراطی ست. یک مشکل دگام هست:
جلوه	چه مشکل؟
قدیر	مردم فکر می کنن که ما از سختی ای کاره کدیم.
جلوه	بر ازو مشکل راه حل داریم. تپ زیاد می تیم. (tip)
قدیر	تیپ خوب می تیم و دیزرت فرمایش می تیم.
جلوه	اینه. از باران بگریز و زیر ناوه بشین.
قدیر	خو، خیرس همو بقلاوه ره هم یک خوراک می خاهیم و هر دوی ما می خوریم.

جلوه   بـرو صحیح ست . تـو کـه اقـه شرافـت کـدی مـه هم کمی انـعطاف پـذیـر ی مـی کـنم .

قـدیـر   بـسیـار خوب . بـریـم بخیـر . مـذاکـرات بـه نـتیجه رسیـد . مصالحه صورت گرفت .

poetic	am not	نـیـم (نـی یـم)
	allowed (by religion)	حلال
	forbidden	حـر ام
from صلح peace	reconciliation	مصالحه
	What is your plan?	چه پلان د اری؟
	It's a great idea	بهتریـن نـظر اس
rhetorical question, "When did I say?"	I didn't say	مـه کَی گـفـتم
	Doesn't matter	پـروا نـداره
	I was joking	مـزاق کـدم
Subjunctive or beh+plus	Let's go	بـریـم (بـرویـم)
	a kind of appetizer	بـولانـی
	What kind of a place	چه قسم جـای
	taste (preference)	ذوق
	has a nice atmosphere	فضایـش جـالـب اسـت
	Harsh	خشن
	most importantly	از همه مـهمتر
	you were silent	سکوت کـدی
	healthy	صحی
	greasy	چرب
	fried	سرخ کده
	olive oil	روغن زیـتون
	low fat	کم چربـی
	Seriously?	جدّی؟
	Are they that open-minded?	اقـدر وسعت نـظر د ارن؟
	thin (thin waist)	کمـر بـاریک
a made up word	one who counts	کالـوری شمـار

	calories	
	as long as	مقصد
	avoid, be on diet	پرهیز کردن
	animal fat	دمبه
	I have improved.	اصلاح شدیم (شده ام)
What follows is more significant.	Listen to this. That's nothing.	او ره چه میکنی
lit. cake and cookies	without pastry	بدون کیک و کلچه
	Wonderful!	عجب کاری شد
pronounced. بغلاوه	Baklava (a dessert)	بقلاوه
	Indian/Iranian dessert	جلیبی
	There won't be any…	از ..خبری نیست
	Well, those…	اونهاره خو
	with coffee	همرای قهوه
	kidding aside	شوخی بر طرف
پیشهناد= proposal	I have an idea	یک پیشهناددارم
	I'll change my mind (and give it up)	منصرف می شم
	one order of kabob	یک خوراک کباب
	jointly, sharing	شریکی
	extraordinarily, very	فوق العاده
	extremist	افراطی
	We have done this because of stinginess	از سختی ای کاره کدیم
	We have a solution	راه حل داریم
	We will give a big tip	تیپ زیاد میتیم
lit. Here!	Come on!	اینه !
lit. Escape from rain, sit under the gutter.	Out of the frying pan into the fire	از باران بگریز زیر ناوه بشین
	All right. Good.	برو صحیح ست
=honor, magnanimity شرافت	Since you were so generous	تو که اقدر شرافت کدی
	flexibility	انعطاف پذیری

تمرین خواندن: بهترین جواب را انتخاب کنید.

۱. کی شکمبوست و بخوردن زیاد علاقه دارد؟
- o قدیر
- o جلوه
- o هیچکدام

۲. جلوه پیشنهاد کرد که
- o یک خوراک را هردو بخورند
- o بعد از نان میوه بخورند
- o برای گارسون تِپ بیشتر بدهند.

۳. قدیر گفت که او
- o وزن باخته و لاغر شده
- o تصمیم گرفته که دیگر گوشت نخورد
- o سبزیجات را جوش داده می خورد.

۴. بنظر قدیر نصف کردن و شریک کردن غذا
- o بسیار مفکوره ٔ خوب بود
- o آنان را در نظر مردم بد نشان میدهد.
- o قطعاً ممکن نبود زیرا رستوران آنرا اجازه نمیداد.

۵. جلوه در آخر قبول کرد که
- o بقلاوه هم فرمایش بدهند
- o بولانی هم فرمایش بدهند
- o سلاد فرمایش ندهند

تمرین لغات: جاهای خالی را با لغات خوب پر کنید.

۱.درین وقت ها در افغانستان هم غذای ک______ در رستوران ها پیدا می شود.

۲. ب_____ خوشمزه است ولی در روغن _____ می شود.

۳. جلوه کالوری نان خود را ش_____ می کند.

۴. مسلمانان ا_____ تنگ نظر استند و موسیقی و مکتب دختران را خلاف دین می دانند.

۵ جلوه در اول بولانی می خواست ولی بعداً م____شد.

۶.قدیر گفت "مهم نیست. اگر من رستوران نروم در عوض تیلویزیون س_____ میکنم.

۷ همه مردم مخصوصاً کسانی که چاق استند باید از نان های چرب و پرکالوری پ_____ کنند.

۸. قدیر و جلوه جنگ و دعوا را بس کردند و با هم م_____ کردند.

بهر شامت گاو حاضر گوسفندت در پسین
بهر صبحت ماکیان ولله خیر الرازقین

چارپایان

اگرچه انسان هم حیوان است، وقتیکه می گوییم حیوان از چارپایان حرف می زنیم. شناخته ترین حیوانات اهلی گاو، اسپ، خر، سگ و پشک اند. شتر را هم همه دیده اند.

اسپ آدم را می برد در حالیکه خر و شتر بار می برند. سگ برای محافظت است و شهرت به وفاداری و اطاعت دارد. با این هم سگ بیچاره را کس بخوبی یاد نمی کند و آدم های ناخوش آیند را سگ می گویند.

خر هم کار زیاد می کند ولی قدر کم دارد. گاو بسیار بدرد بخور است. ماد گاو شیر می دهد و نرگاو زمین را قلبه می کند. گوسفند سمبول عاجزی است. گوشت گوسفند را همه خوش دارند و بر گوشت گاو ترجیح می دهند.

از حیوانات وحشی شیر را پادشاه همه حیوانات و سلطان جنگل می خوانند. مردم نام بچه های خود را شیر یا اسد می مانند . بادی های موتر های لاری تصویر شیر را نشان می دهد. حضرت علی (ک)که مرد شجاعی بود لقب شیر خدا دارد.

روباه حیوان چل باز و زرنگ است. روباه شب ها به حویلی ها می آید و مرغ های مردم را

می خورد. گوشت روباه را کس نمی خورد ولی ازپوست گرمش بالاپوش و پوستین می سازند. شغال هم دشمن مرغ است. مردم شغال را از صدایش می شناسند.

شاعران در اشعار خود از آهو زیاد نام می برند زیرا آهو چشمان زیبادارد. گرگ هم که از قدیم با انسانها دشمنی داشته در افسانه ها بسیار ظاهر می شود. حیوان دیگر افسانوی مار است که تصورش در دل مردم ترس و هراس می آورد مار و اژدها که یک جانور نیرومند و ترسناک افسانوی و شبیه مار است، معمولاً تصویر شر و گناه را در اذهان زنده می سازد.

There are 3 kills and the lion asks the wolf how to divide. The wolf divides them fairly. The lion kills him and asks the fox what he thinks. The fox offers all three to the lion, who is now happy.	For your evening (meal), the cow ready	بهر شامت گاو حاضر
	for your snack later on, the sheep	گوسفندت در پسین
	hen	ماکیان
	God is the best provider	والله خیر الرازقین
	beasts	چارپایان
	domesticated	اهلی
	horse	اسپ
low in connotation	donkey	خر
low in connotation	dog	سگ
	camel	شُتر
	cat	پشک
	undesirable	نا خوشایند
from بدرد خوردن	useful	بدرد بخور
	bull	نرگاو
	sheep	گوسفند
	lion	شیر

	to name	نام ماندن
	body (of truck)	بادی
	the fourth caliph	حضرتِ علی
	title	لقب
	brave	شجاع
	clever, tricky	چَل باز
	cunning	زرنگ
	skin, fur	پوست
	overcoat	بالاپوش
	fur coat with the fur inward	پوستین
	jackal	شغال
	deer	آهو
	wolf	گرگ
	snake	مار
	imagination	تصَوُر
	dragon	اژدها
	fear	هراس
Arabic	evil	شرّ
	sin	گناه
lit. brings to life into the consciousness	brings to mind	در اذهان زنده می سازد

تمرین لغات: جاهای خالی را با لغات مناسب از جدول بالا پر کنید.

۱. انسانها از ___ بسیار می ترسند و این ترس در داستانها بخوبی دیده میشود

۲. سلطان و حکمروای جنگل ___ است.

۳. ___ را بنام بهترین دوست انسان یاد می کنند.

٤. اگرچه ____ بار می برد و کار می کند، کسی خوشش ندارد.

٥. مادگاو ____ می دهد در و نرگاو کار دهقان را آسان کرده.

۶. ____ مرغ ها را از خانه ها می دزدد و نوش جان میکند.
۷. گرگ پیشهناد کرد که گاو، گوسفند، و ماکیان را هر سه شان بخورند ولی این نظررا شیر خوش نکرد و گرگ را ______. روباه ترسید و گفت هرسه حیوان را شیر نوش جان کند.
۸. ______ آهو را بخاطر چشمان زیبایش دوست دارند.
۹. هیچ کس نام یا تخلص خود را ______ نمی ماند.
۱۰. برای بردن بار های کلان ____ خوب است.

تمرین خواندن: حیوانات و خصوصیت هایشان را جوره کنید.

روباه	۱. شیر می دهد
شغال	۲. آدم بران سوار می شود
موش	۳. دم دراز دارد و هُشیاراست
گرگ	۴. دوست وفادار انسان
سگ	۵. گوسفندان را می خورد
گاو	۶. شب ها صدای بلند می کشد.
اسپ	۷. کوچک است و پنیر خوش دارد

فکاهی مجسمهء خسته

میگویند در یک شهر مشهور جهان سوم در یک چارراهی کلیدی مجسمه ای ایستاده کرده بودند. یک روز یکی از مسؤلین حکومتی ازین چارراهی می گذشت. وقتیکه چشم مجسمه باو خورد، گفت:
صد سال است که من درین چارراهی ایستاده ام. پاهایم شخ شده و استخوان هایم را درد گرفته. اگر ممکن باشد، بمن یک اسپ بیارید که بالای آن سوار شوم.
مامور مسؤول رفت و این تقاضای مجسمه را با آمر خود در میان گذاشت. آمرش گفت:
من می خواهم شخصاً پیش مجسمه بروم و او را قناعت بدهم که بودجهء ما محدود است و باید چند سال مار را مهلت بدهد.
باین ترتیب آمر و مامور هر دو رفتند بطرف مجسمه. وقتیکه نزدیک رسیدند، مجمسه روی خود را بطرف مامور دور داده گفت:
من بتو گفتم بمن اسپ بیار. تو رفتی خر آوردی.

	Third World	جهان سوم
	famous	مشهور
	intersection	چاراهی
	major, key (adj)	کلیدی
	a statue	مجسمه ای
مسؤل responsible	government officials	مسؤلین حکومتی
	my legs are stiff	پاهایم شخ شده
have started aching	my bones are aching	استخوان هایم را درد گرفته
	possible	ممکن
	demand, request	تقاضا

from امر command	boss, supervisor	آمر
put in the middle	shared, expressed	در میان گذاشت
	personally	شخصاً
satisfied, قانع convinced	i will convince him	با وقناعت میدهم
	limited	محدود
	give time, deferment	مهلت بدهد
	turned and said	دَور داده گفت

تمرین اصطلاحات

A considerable number of very common expressions emerge from combining the verbs (**کردن، دادن، خوردن، زدن**) with other words. Extensive examples are listed in Appendix A. But in the exercise below a few major idioms have been presented.

اصطلاح درست را انتخاب کنید

۱. عکاس کامره ره دَور ____ (داد، خورد)
۲. کلی ده مابین قُلف {قفل} دور(داد، خورد) و دروازه باز شد.
۳. مادر غم اولاد های خودرا (می خورد، می کند)
۴. ده کامپیوتر کار کدم، سر ِمه درد (شد، گرفت).
۵. بتری موتر من کار نمی (دهد، گیرد)
۶. مستری برای درست کردن موتر از وسایل مخصوص کار (می کند، می گیرد).
۷. مریض از درد، پیچ و تاب می (شد، خورد)
۸. آشپز گوشت را سرخ (داد، کرد)
۹. استاد هاشم برای استاد سراهنگ تبله (می زد، می کرد)
۱۰. باو بگویید که بمن زنگ (کند، بزند)

با صبح گفتم از چه بهار است خنده ات
گفت اندکی تو هم ز تکلف برا بخند
بیدل

سینما یا دی وی دی؟

قدیر - مه از تو یک سوال دارم اجازه س که بپرسم؟

جلوه چه سوال اس، بگو.

قدیر سوال ایس که فلم دیدن ده سینما خوب است یا ده خانه؟

جلوه جواب ای سوال به نظر مه واضح س. فلم فقط ده سینما کیف می کنه. دی ویدی ده خانه شباهت به فلم داره ولی در حقیقت سامان بازیست

قدیر ای قضاوت بسیار یکطرفه اس. دی ویدی ده خانه به اختیار خودت اس. اگه کدام صحنه ره درست ندیدی می تانی همو صحنه ره دوباره ببینی. از همه کده، اگه خوردنی یا نوشیدنی دلت خواست،فوراً می ری بر خود درست میکنی. تو تابع سرگرمی نمی باشی، سرگرمی تابع تو می باشه.

جلوه بستگی به ذوق داره. بر یک آدم بدذوق و تنبل دی وی دی خوب است، بر آدم های خوش ذوق: فرق این و آن ز ماهی تا مه است.

قدیر داند آنکس کز حقیقت آگه است. اما دلایل مه خلاص نشده. ده سینما می شه که ناوخت برسی، میشه که تماشاچی ها مزاحم شون گپ بزنن، موبایل شان

زنگ بزنه. ده خانه خودت پاچاهی می چلانی. اگه مزاحمت هم خلق شوه، دی وی دی ره توقف می تی و پسان تر دوباره روشن می کنی.

جلوه هان بر تو کدام فرقی نمی کنه، فلم ده نقطهء حساس می رسه و تو پشتِ توت و چارمغز می گردی. یا ده وسط یک صحنهء شاعرانه تو شیر چای درست می کنی.

قدیر شما روشنفکر های متظاهر فقط تاخت و تازه خوب یاد دارین. اگه از خودخواهی تان یک کمی کم کنین دگرها ره اجازه خواهد دادین که که اقلاً ساعت تیری خوده به ذوق خود انتخاب کنن. اگه مه نخواسته باشم که تفریح ره بقسم یک وظیفه بگذرانم، باید ای حقه داشته باشم.

جلوه یعنی که عیسی به دینش موسی به دینش؟

قدیر بلی.چرا نی؟

جلوه طبعاً اگه هدف هنر فرار از واقعیت باشه ضرورت به فکر کدن پیدانمی شه ده او صورت می تانی که به حیثیت یک فلم صدمه برسانی، می تانی که یک فلمه ده یک ماه هم خلاص نکنی. مثلا امشو مه می رم فلمِ نو شاهرخ خانه ده سینما می بینم. باز تو یک دو ماه بعد ویدیویشه ده خانه ببین.

قدیر نی جلوه جان منظورمه ای نبود که

سینما رفتن هیچ لذت نداره. منتهی

جلوه: خیر اس حاله مجبور نیستی که توجیه کنی.

قدیر: نی توجیه نمی کنم. فلم شاهرخ خان به تکلیف سینما رفتن می ارزه.

جلوه: بسیار خوب. ده او صورت اجازه داری که همرای مه سینما بری.

قدیر: صحیح س. سینما می رم مگم عقیده خوده تغییر نمی تم.

جلوه: او هم قبول اس. عیسی به دینش، موسی به دینش.

	morning, dawn	صبح
or: from what is your laughter spring	What is your laughter blooming from?	از چه بهار است خنده ات
	a little	اندکی
	formality, rigidity	تکلُف
	come out, laugh	براجند
lit. permission	May I ask?	اجازه س که بپرسم؟
	obvious	واضح
Arabic word	only	فقط
	feels good, is fun	کیف میکنه
	to be similar	شباهت داشتن
	toy	سامان بازی
	judgment	قضاوت
	one-sided	یکطرفه
also discretion, trusteeship, etc.	is your own choice	به اختیار خودت اس

	scene	صحنه
	again	دوباره
دلت شد	you felt like it	دلت خواست
Don't confuse with سرش گرم اس he is drunk	recreation	سرگرمی
	subservient, obedient	تابع
	depends on	بستگی به .. داره.
lit from fish to moon	earth and sky	زماهی تامه
	is aware of truth	کز حقیقت آگه است
singular دلیل	reasons	دلایل
it is possible that	maybe	میشه که
	spectator, viewer	تماشاچی
	disturb	مزاحم شدن
	cell phone	موبایل
	ring	زنگ زدن
چلاندن drive	run a kingdom, rule	پاچاهی می چلانی
	stop	توقف دادن
	sensitive point	نقطهء حساس
popular dry fruits used as snacks	mulberry and walnut	توت و چارمغز
	poetic	شاعرانه
	intellectuals	روشنفکرها
ظاهر =appearance	hypocritical	مُتظاهر
	attack	تاخت و تاز
also selfishness	arrogance	خودخواهی
	if I desire	اگه مه خواسته باشم
	recreation, recess	تفریح

	as an obligation	بـقـسم وظیفـه
	I should have the right to	بـایـد ای حقـه داشتـه بـاشم
	escape	فـرار
Let Jesus have his religion and Moses his religion	let different religions coexist	عیسی بـدیـنش مـوسی بـدیـنش
	reality	و اقـعیت
	in that case	ده او صورت
صدمه damage	hurt someone's pride, honor	بـه حیثیت – صدمـه رسـانـدن
	an Indian actor	شاهرخ خـان
	I did not mean	مـنظور مـه ای نـبـود
	be pleasurable	لـذت داشتن
	justify	تـوجیـه کـردن
	trouble	تکلیف
	is worth	مـی ارزه
	belief	عقیـده

102

تمرین لغات و اصطلاحات
در مقابل هر لغت نمرهء معنی آنرا بنویسید.

واضح	۱. نظر، مفکوره
توجیه کردن	۲. ساعت تیری
عقیده	۳. احترام، عزت
فرار کردن	٤. استاده کردن
تفریح	٥. دلیل پیدا کردن
حیثیت	٦. معلومدار، غیر قابل انکار
توقف دادن	۷. گریختن، دور رفتن

مقابل هر لغت نمره لغت **مخالف** آنرا بنویسید

سوال	۱. پسانتر
تماشاچی	۲. نوشیدنی
می شه	۳. جواب
تابع	٤. حتماً، صد فیصد
فوراً	٥. هنر مند
خوردنی	٦. فعال، پرکار
تنبل	۷. باختیار خود

تمرین خواندن. درست یا نادرست؟

۱. جلوه رفتن به سینما را به دیدن فلم در خانه ترجیح می دهد.___
۲. قدیر فکر میکند که در سینما امکان حملهء انتحاری وجود دارد.___
۳. بعقیدهء جلوه قدیر خوش دارد فلم را در خانه ببیند بخاطریکه ذوق خوب ندارد.___
٤. قدیر قبول نکرد که با جلوه به سینما برود و منتظر ماند که فلم را در خانه ببیند.___
٥. یک دلیل قدیر برای خوش نداشتن سینما سرو صدا و گپ زدن تماشاچیان است.___

۶. بنظر جلوه باید فلم و هنر آدم را به فکر کردن مجبور کند. __

۷. قدیر فکر می کند که ما باید به ذوق های مختلف و گوناگون احترام داشته باشیم. ____

طریقت بجز خدمت خلق نیست
به تسبیح و سجّاده و دلق نیست
تو بر تخت سلطانی خویش باش
باخلاق پاکیزه درویش باش
سعدی

نظر بیطرفانه به دورهء شاهی
قسمت اول

محمد ظاهر شاه از سال ۱۹۳۳ تا ۱۹۷۳ میلادی پادشاه افغانستان بود. در دورهء اعلیحضرت محمد ظاهر شاه افغانستان نسبتاً آرام و با امن بود. البته در کنر صافی ها اغتشاش کردند، در غزنی کتوازی ها در مقابل دولت برخواستند و شاید زد و خورد های دیگر هم صورت گرفته باشد.

ولی این اغتشاشات بزودی سرکوب شدند و قدرت دولت پابرجا باقی ماند. در بعضی ولایات مثل پکتیا و پکتیکا با قبایل یک نوع قرار داد غیر رسمی وجود داشت که حکومت در کار های داخلی شان زیاد مداخله نکند و در مقابل قبایل هم به دولت وفادار بمانند.

این قبایل در وقتیکه با نادر شاه پدر ظاهر شاه در گرفتن سلطنت کمک کردند، شرط گذاشتند که اطفال شان از مکتب رفتن معاف شوند ولی بعد ها با شوق و ذوق بچه هایشان را به لیلیه ها می فرستادند و تقاضا میکردند که

مکاتب بیشتر برایشان ساخته شود. اما بر اساس شرط دیگر خود از خدمت عسکری تا آخر معاف ماندند.

قبایل دیگر پشتون و مردمان غیر پشتون اینگونه امتیازات نداشتند ولی تحت فشار مستقیم هم نبودند. دولت از حرکت های مردم شمال برای خود مختاری جلوگیری می کرد و شکایت شان را ار مهاجرت پشتون ها به مناطق شان نادیده می گرفت. اما این حرکت ها آنقدر دامنه پیدا نکرده بودند که به سرکوب شدید ضرورت پیدا شود.

از طرف دیگر برعکس بعضی کشور های دیگر منطقه، تبعیض بر اساس قوم و سمت در افغانستان شدید نبود و بهمین خاطر نارضائیتی هایی که وجود داشتند عمومیت پیدا نکردند. مثلاً در اردو تعداد پشتون ها زیاد بود ولی در سکتور های تجارتی و فرهنگی اقوام دیگر نقش مساوی داشتند یا حتی در بعضی حالت ها نقش شان بر نقش پشتون ها چربی می کرد.

ناگفته نماند که بعضی از اعضای خانوادهٔ سلطنتی در مسائل قومی یکجانبه بودند ولی خود پادشاه توازن را نگاه می کرد و می کوشید که با سران تمام اقوام رابطهٔ خوب داشته باشد.

Sufi mystics emphasize ethics more than	the way, the Sufi way	طریقت
	isn't but serving people	بجز خدمت خلق نیست

worship	Rosary	تسبیح
From a story that tells about a king who wanted to become a dervish.	prayer rug	سجّاده
	woolen garment of Sufis	دلق
	Throne	تخت
	your (one's)	خویش
	Be a dervish by having clean morals	با خلاق پاکیزه درویش باش
	Sa'di, a poet famous for his ethical writings	سعدی
Afghan year starts in March	pertaining to birth (Western calendar)	میلادی
دَور cycle	Period, era	دوره
	Relatively	نسبتاً
	Uprising	اغتشاش
	conflict, usually violent	زد و خورد
Lit. take form	take place, happen	صورت گرفتن
Lit. beat on the head	be suppressed	سرکوب شدن
	power	قدرت
lit. foot in place	standing, firm	پا بر جا
	remained	باقی ماند
	central	مرکزی
	contract	قرارداد
	intervention	مداخله
	faithful	وفادار
	condition	شرط
	exempt	معاف
	dormitory	لیلیه
	military service	خدمت عسکری
	privileges	امتیازات
	direct pressure	فشارِ مستقیم
	autonomy	خودمختاری
	Immigration	مهاجرت
	regions	مناطق (منطقه)
skirt = دامن	spread, expand	دامنه پیدا کردن

some = بعض	discrimination	تبعیض
samt	direction, region	سمت
	Army	اردو
	related to business	تجارتی
greasy = چرب	be higher or stronger	چربی کردن
	members of the family	اعضای خانواده
weight = وزن	Balance	توازن

تمرین لغات و اصطلاحات

در مقابل هر لغت نمرهٔ معنی آنرا بنویسید.

۱. بر خواستن بر ضد دولت	نا رضائیتی
۲. اقوام	پادشاهی
۳. زیر	عسکری
٤. نظامی، غیر ملکی	قبایل
٥. اهمیت ندادن	اغتشاش
٦. سلطنت	تحت
۷. خوشحال نبودن	نادیده گرفتن

مقابل هر لغت نمره لغت مخالف آنرا بنویسید

۱. خارجی	شمال
۲. ولایات	داخلی
۳. جنوب	ضعیف
٤. شمسی، خورشیدی	تبعیض
٥. همچنان	مرکز
٦. مساوات	بر عکس
۷. قوی	میلادی

کشور شه نه همین مرز گرامی باشد
دل اولاد وطن جمله بُوَد کشور شاه
..پاسبان شه ما عدل و نکوکاری اوست
چه نکو تر بود از عدل حصاری بر شاه
خلیلی

دورهٔ سلطنت محمد ظاهر شاه
قسمت دوم

در دورهٔ شاهی دیموکراسی و آزادی وجود
نداشت. باستثنای یک مدت کوتاه آزادی بیان
موجود نبود. رادیو و مطبوعات در کنترول دولت
قرار داشت و نشرات دولتی کوچکترین انتقاد را
بر مقامات بلند رتبه اجازه نمی داد. فساد
اداری و بی کفایتی هم کم نبود. ولی
بیوروکراسی و سیستم اداری در هم شکسته نبود
و اقلا اهداف خود را تعقیب کرده می توانست.
چون برای ثباتِ نظام بدرد می خورد، سیستم
پولیسی و استخباراتی وسیع بوجود آمده بود و
این سیستم برای حفظ امنیت هم کمک می کرد.

معارف بصورت نسبی پیشرفت کرده بود و در
گوشه و کنار کشورمکاتب درست شده بود، اما
محتوای تعلیم و هدف تعلیم مترقی و متوازن
نبود. با این هم اکثریت تعلیم یافته ها تنگ
نظر و بنیاد گرا نبودند. وقتیکه زنان در
زمان صدارت سردار داود خان حق برداشتن چادری
یا حجاب را پیدا کردند، در بسیاری ولایات
هیچ نوع مقاومت صورت نگرفت. در قندهار که
یک تعداد مخالفت کردند این مقاومت بشدت و
بزودی سرکوب شد.

109

اقتصاد و صنایع شاید ضعیف ترین جنبهء دولت شاهی بوده باشد. گرچه افغانستان ثروت زیاد نداشت، از چیزی که داشت هم بخوبی استفاده نشد.

در مجموع آخرین پادشاه افغانستان قهرمان ترقی و عدالت نبود ولی یک انسان خوب و یک سیاستمدار معتدل بود و بسیاری افغان ها از همه اقوام و طبقات بعد از وحشت و هرج و مرجی که دیگران آوردند قدر او و آرامش و صلح دورهء او را بهتر فهمیدند.

Famous Afghan contemporary poet	Khalili	خلیلی
	the king's land	کشور شه
	territory, border	مرز
	respectable	گرامی
	the country's children	اولاد وطن
	all	جُمله
same as باشد	be (only poetic)	بُوَد
	Freedom	آزادی
	freedom of speech	آزادی بیان
غیر	except	باستثنای
وقت	a short time	یک مدت کوتاه
print = طبع	press	مطبوعات
plural of نشر	publications	نشرات
مقامات عالیرتبه	high ranking positions	مقاماتِ بلند رتبه
sufficiency= کفایت	incompetence	بی کفایتی
	administrative	اداری
	corruption	فساد ادرای
دنبال کردن	follow	تعقیب کردن
aware, news = خبر	Intelligence (adj)	استخباراتی
نگهداری	keeping	حفظ
جمع "مکتب"	schools	مکاتب

	progressive	مُترقی
balance =توازن	Balanced	مُتوازن
بهر حال	anyway	بهر صورت
تحصیل کرده	educated	تعلیم یافته
تاریک	narrow-minded	تنگ نظر
foundation =بنیاد	fundamentalist	بنیادگرا
چادری	veil	حِجاب
prime minister صدراعظم	during the prime ministership of	در زمان صدارتِ
	resistance	مقاومت
	economy	اقتصاد
جمع صنعت	Industry	صنایع
side = جانب	Aspect	جنبه
دولت	wealth	ثروت
	as a whole	در مجموع
from اعتدال	mild, moderate	معتدل
	classes	طبقات
savage =وحشی	savagery	وحشت
	Chaos	هرج و مرج
know someone's worth	to appreciate someone	قدر کسی را دانستن

تمرین لغات
خانه های خالی را با لغات مناسب پر کنید.

۱. آدم های تعلیم یافته و فهمیده نباید _______ باشند.
۲. در دوره ٔ ظاهرشاه امنیت خوب بود ولی _______ پیش نرفته بود و مشکل داشت.
۳. برای ضعیف ساختن دزدان و مخالفان مسلح دولت، معلومات کامل و _______ دقیق لازم است.
۴. درین سالها _______ بسیار ساخته شده ولی کتاب های درسی و معلمان باکفایت موجود نیست.
۵. برای اینکه دیموکراسی درست کار کند،آزادی _______ حتمی و ضروریست.

تمرین خواندن
درست یا نادرست؟
۱. حجاب یا چادری در وقت صدارت داود خان برداشته شد._____
۲. امنیت در دوره ٔ شاهی خوب بود._____
۳. اکثریت جوانان تعلیم یافته متأسفانه هنوز هم تنگ نظری داشتند. ____
۴. پادشاه به پیشرفت اقتصادی بسیار علاقمند بود و توجه میکرد. ____
۵. وقتیکه زنان حق برداشتن حجاب را گرفتند هیچ کس کدام مخالفت یا مقاومت نکرد.___
۶. زنان در زمان ظاهر شاه از هر نظر مساوی مردان بودند._____
۷. در قسمت معارف مخصوصا باز کردن مکاتب دولت شاهی قدری پیشرفت کرده بود____

به سود خویشتن بود و زیان مردمان ما
وزیرانش اگر گاهی همی کردند امضایی
برسم ِ آشنایی و خلاف پارسایی بود
وکیلانش خدا ناکرده میدادند اگر رایی

گشایش پارلمان پس از ۳۰ سال

بیایید مبارزه را از زیر همین سقف آغاز کنیم

نوشتهء عنایت شریف، ۲۰۰۶

گشایش پارلمان افغانستان بتاریخ ۱۹ دسامبر هرچند از نظر کرونولوژي در ردیف آخرین رویداد هاي سیاسي سال خواهد آمد اما از نظر اهمیت شاید بتواند بحیث بزرگترین انکشاف سیاسي در افغانستان در جریان سال ۲۰۰۵ پنداشته شود.
ایجاد پارلمان آخرین مرحله از سلسله مراحلي است که براي تشکیل دولت قانوني در افغانستان ، چهار سال پیش در مذاکرات بُن روي آن توافق شده بود.
از جملهء تقریبا ۱۲ ملیون تني که می توانستند رای بدهند بیشتر از نصف آنان در ۳۰ هزار مرکز راي دهي به پاي صندوق هاي راي رفتند و ۲۴۹ تن را از جملهء تقریبا ۳ هزار کاندید براي ولسي جرگه انتخاب نمودند.
در انتخابات ماه میزان همچنان اعضاي شورا هاي ولایتي هم برگزیده شدند که از آنطریق از هر ولایت دو نفر به مشرانو جرگه راه

یافتند _ ۳۴ عضو دیگر مشرانو جرگه توسط رییس جمهور برگزیده شده اند.

سابقه و پس منظر تاریخی :

پارلمان در افغانستان بي سابقه نیست . در دوره‌ء امان اله خان و سپس در زمان سلطنت محمد ظاهر شاه حتي پیش از انکه حکومت از خانوادهء سلطنتي بیرون کشیده شود و به اصطلاح دوره دموکراسي آغاز یابد، در افغانتسان شوراي ملي وجود داشت اما شیوه انتخاب اعضاي پارلمان آنوفت را نمی توان دموکراتیك خواند. زمانیکه پس از محمد هاشم خان، شاه محمود خان کرسي صدارت را بعهده گرفت، براي سیاست بطور نسبي و زود گذر زمینه تنفس بوجود آمد. با استفاده از همین گونه فضایي پارلمان وقت سرو صدای زیادي براه انداخت.

در زمان صدرات محمد داود خان که بدنبال شاه محمود خان بقدرت رسید، وجود پارلمان یا نبودن آن تفاوت زیادي نداشت . اما پس از استعفای محمد داود خان در سال ۱۹۶۳ با آغاز دهه دموکراسي و تصویب قانون اساسي جدید ، شوراي ملي افغانستان پس از انتخابات عمومي و سرتاسري تشکیل شد .

در جریان دههء دموکراسی وجود پارلمان بیشتر از هر وقت دیگر در روز هایی برجستگی می گرفت که صدراعظمانِ مؤظف رای اعتماد می گرفتند.

در ۲۴ اکتوبر ۱۹۶۵ زمانیکه حکومت داکتر یوسف از شورا رای اعمتاد می گرفت، تعدادی از محصلین و متعلمین به شورا هجوم برده و تالار شورا را اشغال کردند. فردای آنروز بود که

آتشباری اردو بر مظاهره کنندگان رخ داد که دیر زمانی همه ساله در سالگرد ِ آن بنام روز **سوم عقرب** ازآن یاد آوری می شد.
نشر مستقیم بیانات وکلا در جریان رای اعتماد از طریق رادیوی افغانستان وکلا را تشویق می کرد که هر یک سخنرانی کند و تا میتواند سخنرانی خود را طولانی تر سازد. وقتی آخرین صدراعظم دورهء سلطنت، موسی شفیق موفق شد به نحوی از نشر مستقیم جریان رای اعمتاد در رادیو جلوگیری کند، رای اعتماد بجای چند روز و چند هفته تنها چند ساعت را در برگرفت.
در بسیاری کشور های جهان بمیان آمدن جمهوریت و سقوط رژیم سلطنتی زمینهء ایجاد پارلمان را مساعد می سازد، اما جالب است که در افغانستان با پایان سلطنت و آغاز جمهوریت گلیم پارلمان هم بر چیده شد.

	Loss	زیان
	signature	امضاء
	tradition	رسم
	in spite of	برغم ِ
	piety, ethics	پارسایی
Usually political	Struggle	مبارزه
	ceiling	سقف
	opening	گشایش
	List	ردیف
	development	انکشاف
	be thought	پنداشته شود
from وجود	create, found	ایجاد
	chain of phases	سلسلهء مراحل
	under the supervision	به سر پرستی
	united nation	ملل متحد
	agreement	توافق

Lit. meeting the conditions to vote	eligible to vote	واجد شرایط رای دهی
	box, ballot box	صندوق
	The Lower House	ولسي جرگه
singular عضو	members	اعضا
	Provincial Councils	شورا های ولایتي
	to be chosen	برگزیده شدن
	unprecedented	بیسابقه
	Afterwards, later	سپس
	the manner of election	شیوهء انتخاب
	can't call it democratic	نمیتوان. . .دیموکراتیک خواند
Often a metaphor for position	chair, seat	کُرسي
	to commit oneself to	بعهده گرفتن
	relatively	بطور نسبي
Lit. ground for it was provided	it became possible or feasible	زمینهء آن فراهم شد
	to breath	تنفس کردن
	noise	سرو صدا
	to make, cause	براه انداختن
	resignation	استعفي، استعفا
	decade	دهه
	constitution	قانون اساسي
	approve	تصویب
	national (in entirety)	سرتاسری
	prominence	برجستگي
	vote of confidence	رای اعتماد
	to attack	هجوم بردن
	hall	تالار
	occupy	اشغال کردن
	firing (bullets)	آتشباری
	straight, direct	مستقیم
	Army	اردو
	demonstrator	مظاهره کننده
	every year	همه ساله

	MP's	وکلا
	speech	سخنرانی
	long	طولانی
	to prepare	مساعد ساختن
	Fall	سقوط
Lit. its carpet was folded (suggests funerals)	the parliament was closed and ended	گلیم پارلمان برچیده شد
	to pick up and put away	برچیدن

پارلمان کنونی با یک چهرهء دیگر

در پارلمان های گذشته از هر ولسوالی یک وکیل انتخاب می شد (در ان زمان ۳۱۶). اما بر اساس قانون اساسی و قانون انتخابات فعلی سهمیه و تعداد اعضای هر ولایت در ولسی جرگه با تناسب با نفوس تخمینی هر ولایت تعیین گردیده و باین ترتیب این بار وکلا از ولسوالی مشخص نمایندگی نمی کنند.

در جریان سالهای بی سرو سامانی برخی از قوماندان ها یا متنفدین خود به تشکیل ولسوالی پرداخته اند. اکنون شمار دقیق ولسوالی های کشور شاید به وزارت داخله نیز روشن نباشد. سردرگمی در همین مورد و نیز نا مشخص بودن سرحدات ولسوالی ها خود عاملیست که که باعث شد امسال انتخابات شورا های ولسوالی ها برگزار شده نتواند.

نقاط مثبت و منفی

در پارلمان های سابق کشور نیز برخی از اعضای ولسی جرگه را زنان تشکیل میدادند اما این بار شمار و فیصدی آنها در ولسی جرگه و مشرانو جرگه بمراتب بیشتر است (یک چهارم حصهء اعضای

ولسی جرگه و نصف اعضای انتصابی مشرانو جرگه). این افزایش در فیصدی تا حد زیادی بخاطر سهمیه و حد اقلی ست که قانون اساسی و قانون انتخابات برای زنان تضمین کرده است. بهر حال از جملهء تقریباً ۶ هزار کاندید برای ولسی جرگه و شورا های ولایتی، بیشتر از ده فیصد آنان زنان بودند.

هر چند شاید برخی اشتراک زنان را در شورا ها سمبولیک و نمایشی بخوانند اما تردیدی نیست که بسیاری از زنان هدفمندانه و به رای مردم به شورا یافته اند و نمیتوان از نقشی که حضور شان در شورا در مساعد ساختن ذهنیت مردم برای قبول سهمگیری زنان در امور سیاسی بازی خواهد کرد، چشم پوشید.

اما مسلماً در رابطه با ترکیب اعضای پارلمان نکات دیگری نیز هست. شماری از راه یافتن برخی از مقامات سابق طالبان در پارلمان ناخوشنود اندو برای بعضی نشستن کمونست های سابق در کرسی های مشرانو جرگه و ولسی جرگه در تصورات قبلی شان نمی گنجید. برخی گله دارند که معیار هایی از نظر تجربه و تحصیل برای کاندید شدن وجود نداشت و به همین دلیل کسانی هم به پارلمان راه یافته اند که با طرح قوانین و تصویب آن آشنایی ندارند.

عدهء دیگری اعتراض دارند انتخابات به شکلی طرح ریزی شده بود که احزاب دران نقش هرچه کمتری داشته باشند. آنان می گویند در خلای احزاب شاید پارلمان صحنهء رقابت های انفرادی و شخصی شود.

اما یکی از عمده ترین اعتراض ها این است که شماری از جنگ سالاران و حامیان شان وارد

پارلمان شده و در موقعیتی قرار گرفته اند که باید خود در مورد شیوهٔ برخورد با متهمین ِ تخطی از حقوق بشر تصمیم بگیرند.
در مورد برخی از اعضای پارلمان اتهام دست داشتن در قاچاق مواد مخدر نیز شنیده می شود.

در آغاز این مطلب یادی از شورا های سابق واز روز هایی شد که صدراعظمان سر پرست در ان رای اعتماد می گرفتند. و در اخیر هم خاطره ای از یکی از چنین روز ها: در ماه نوامبر سال ۱۹۶۷ جریان رای اعتماد صدراعظم مؤظف نور احمد اعتمادی و حکومتش روز ها بطول انجامید. وکیلان یکی پی دیگر در بیانیه های طولانی از بی نظمی، اختلاس و قاچاق انتقاد می کردند. در اخیر ِجریان رای اعتماد (۱۵ نومبر) آقای اعتمادی در بیانیهٔ پر شور و غرّایی با اشارهٔ کنایه آمیز به اتهامات قاچاق علیه وکلا گفت: بیایید مبارزه علیه قاچاق را از همین امروز، از همین جا و از زیر همین سقف آغاز کنیم.
و وکلا همه به او کف زدند.

	current	فعلی
	in proportion to population	با تناسب بنفوس
	estimated	تخمینی
	be assigned, defined	تعین گردیدن
	Thus	باین ترتیب
plural of وکیل	MP's	وکلا
	to represent	نمایندگی کردن
	disarray, confusion	بی سر و سامانی
	Some	برخی
	influential people	متنفذین

	themselves	خود
	create, establish	تشکیل
	to start	پرداختن
	interior ministry	وزارت داخله
Lit. heads at a loss	confusion	سر درگمی
	factor	عامل
	be held, take place	برگزار شدن
	members of … consisted of women	اعضای...را زنان تشکیل می دادند
	percentage	فیصدی
	increase	افزایش
	allotment, portion	سهمیه
Also "at least"	minimum	حدِ اقل
	guarantee	تضمین کردن
	in any case	بهر حال
Lit. several times	Is considerably more	بمراتب بیشتر است
	even though	هر چند
	for display	نمایشی
	undoubtedly	تردیدی نیست
	purposefully	هدفمندانه
	provincial councils	شورا های ولایتی
As opposed to elected	appointed	انتصابی
	their presence	حضور شان
	to prepare	مساعد ساختن
	attitude	ذهنیت
	participation	سهمگیری
	political affairs	امور سیاسی
	play a role	نقش بازی کردن
Lit. close one's eyes	to overlook	چشم پوشی کردن
	undoubtedly	مسلماً
	composition of members	ترکیبِ اعضا
	a number, some	شماری
	authorities	مقامات
	unhappy	ناخوشنود
	chair, seat	کرسی

Did not fit into their imagination	they could not even imagine	در تصورات شان نمی گنجید
	to have a complaint	گله داشتن
	criteria	معیار ها
	education	تحصیل
	draft	طرح
	approve	تصویب
	be familiar with	آشنایی داشتن
	a number, some	عِدّه ای
	have an objection	اعتراض داشتن
plural of حزب	parties	احزاب
	Less	هرچه کمتر
Lit. in void of parties	in absence of parties	در خلای احزاب
	rivalries	رقابت ها
	individual	انفرادی
	War lord	جنگ سالار
main =عمده	most important	عمده ترین
	protectors	حامیان
	to come to, to enter	وارد شدن
	situation	موقعیت
	manner of encounter	شیوهء برخورد
plural of متهم	those accused of	متهمین
	violating human rights	تخطی از حقوق بشر
	accusation, charge	اتهام
	Interim supervisor	سرپرست
	a memory	خاطره ای
Lit. ended up long	took long	بطول انجامید
	embezzlement	اختلاس
	passionate	پر شور
	eloquent	غرّا
	sarcastic allusion	اشارهء کنایه آمیر
Arabic "against him/it"	against	علیه

تمرین خواندن: کدام یک ازین اظهارات درست است؟

۱. پارلمان افغانستان قانون های مهمی را در زمینهء اقتصاد و فرهنگ طرح کرده است.____
۲. صدراعظم سابق موسی شفیق توانست که از نشر مستقیم جریان رای اعتماد در رادیو جلو گیری کند.____
۳. زنانی که به حیث اعضای ولسی جرگه انتخاب شده اند یا کمونست اند یا قاچاقبر. ____
۴. یکی از وظایف (کار های) پارلمان دادن رای اعتماد به صدراعظم و حکومت است.____
۵. نور احمد اعتمادی در بیانیهء خود بر وکلای شورا بطور غیر مستقیم حمله کرد. ____
۶. حضور زنان در شورا بعقیدهء نویسندهء این مقاله یک دستاورد نمایشی و سمبولیک است. ____
۷. یکی از مهم ترین کوتاهی های پارلمان کنونی این است که دران جنگ سالاران و قاچاقبران هم بحیث وکیل انتخاب شده اند.____

تمرین لغات: برای هر لغت یک لغت مشابه پیدا کنید.

۱. مسلماً	یک تعداد، عده ای
۲. مساعد	شکایت
۳. بی سر و سامانی	دراز
۴. گِله	طبعاً، معلومدار
۵. سهمگیری	آماده
۶. شماری	هرج و مرج
۷. طولانی	اشتراک

برای هر لغت یک مثال یا لغت مشابه برگزینید

۱. علیه	تریاک
۲. مبارزه	پیشنهاد
۳. مواد مخدر	خلاف
۴. امضاء	انتقاد غیر مستقیم
۵. کنایه آمیز	مقابله و مقاومت
۶. حقوق بشر	نوشتن نام
۷. طرح	آزادی بیان

نصیحت نظامی به شروان شاه اخستان

(شاه آزربایجان)
در خاتمهء "لیلی و مجنون"

شاها ملکا جهان پناها
یک شاه نه صد هزار شاها
..گرچه دل پاک و بخت فیروز
هستند ترا نصیحت آموز
زین ناصح نصرت الهی
بشنو دو سه حرف صبحگاهی
..بیدار شهی به کار دانی
بیدار ترک شو ار توانی
داد و دهشت کران ندارد
گر بیش کنی زیان ندارد
کاری که صلاح دولت تست
در جستن آن عنان مکن سست
مویی مپسند ناروایی
در رونق ملک و پادشایی
..بر گردن هیچ نیک خواهی
شمشیر مکش به هر گناهی
دشمن که به عذر شد زبانش
ایمن مشو و ز در مرانش
قادر شو و بردبار می باش
مَی می خور و هوشیار می باش
بازوی تو گرچه هست کاری
از عون خدای خواه یاری
رای تو اگر چه هست هشیار
رای دگران ز دست مگذار
با هیچ دو دل مشو سوی حرب
تا سکه درست خیزد از ضرب
از صحبت آن کسی بپرهیز
کو باشد گاه نرم و گه تیز

بـر عـهـد کـس اعـمتـاد مـنـمـای
تـا در دل خـود نـیـابـی اش جـای
مـشمـار عـدوی خـویـش را خُـرد
خـار از ره خـود چـنـیـن تـوان بـرد
...بـرهـرچـه عمـارت خـراب است
بـشتـاب کـه مـصلـحت شتـاب است

Although the difference between today's Farsi and that spoken 8 hundred years ago is minimal, a number of those differences must be pointed out to help in reading poetry by a poet like Nizami (1141-1203).

o   The alef at the end to address someone (vocative)
o   The use of the verb to be with the particle "ra" to mean "have"
     You have. (ترا هست)
o   The use of "buwad" as a synonym of "bashad" بُوَد –باشد
o   The use of a "ya" at the end of the verb to give narrative past:
o   رفتندی، بردندی
o   The use of the subjunctive (our term beh plus) without the beh.
o   خواستم روم
o   The use of شد to mean رفت
o   Substituting "ra" را or an indirect object for a preposition or other uses. For example: ترا هست *you have things* (*you are rich*).
o   Use of می in the imperative (command): برده بار می باش

There are other differences but those are not reflected in the text, as I have omitted lines with demanding syntax or vocabulary.

	O, King!	مـلـکا
	sanctuary for the world	جـهـان پـنـاه
	hundred thousand	صد هـزار
	awake, aware	بـیـدار
	competence	کـاردانـی
diminutive	be more awake	بـیـدار تـرک شـو

125

ار = اگر	if you can	ار توانی
	giving, generosity	داد و دهش
	has no border	کران ندارد
lit. has no loss	won't harm,	زیان ندارد
	is to your state's benefit	صلاح دولت تست
	searching it	جستن آن
	don't loosen reigns	عنان مکن سست
as much as a hair	even a little	مویی
	don't prefer	مپسند
	wrong, undesirable	ناروایی
	in the country and kingdom's prosperity	در رونق مُلک و پادشاهی
	Neck	گردن
	one with good intentions	نیک خواه
from کشیدن	don't draw sword	شمشیر مکش
his tongue moved with apology	when the enemy asked for mercy	دشمن که به عذر شد زبانش
don't become secure	don't be complacent	ایمن مشو
from راندن	don't turn him away at the door	زِ در مرانش
	Become powerful	قادر شو
	be patient, tolerant	برده بار میباش
archaic for بخور	drink wine	مَی می خور
	sober, wise	هوشیار
	arm	بازو
lit working	strong, decisive	کاری
compare to assistant, معاون	assistance	عون
	don't ignore others' opinions	رای دگران ز دست مگذار
	Coin	سکّه
lit. of two hearts	reluctant, ambivalent	دودل
Arabic for war	war, combat	حرب
ضرب زدن is to mint	so the coin is minted correctly	تا سکه درست آید از ضرب

also diet, piety	avoid	بپرهیز
also fast	sharp, harsh	تیز
	don't count	مشمار
دشمن	enemy	عدو
	Thorn	خار
	Don't trust anyone's vows	بر عهد کس اعتماد منمای
Note that double negative is ok	until you find him space in your heart	تا در دل خود نیابی اش جای
	building	عمارت
	ruin, not good	خراب
	Hurry , for it is wise to hurry	بشتاب که مصلحت شتاب است

تمرین خواندن

درست است یا نادرست؟

١. نظامی درین شعر به یک پادشاه نظر می دهد.____
٢. او به پادشاه می گوید که شراب ننوشد.____
٣. او می گوید عذر خواهی دشمن را باید قبول نکند و فریب دشمن را نخورد.____
۴. بگفتهٔ نظامی آدم های دودله در وقت جنگ قابل اعتماد نیستند.___
۵. بنظر نظامی شاه باید به نظریات دیگران توجه نکند و کاری بکند که دلش می خواهد.___
۶. نظامی میگوید در مقابله با خرابکاری باید عجله و شتاب صورت بگیرد.____
٧. بعقیدهٔ نظامی پادشاه باید با حوصله باشد و کنترول خود را بر اعصاب خود نگاه کند.___

معاشران گره از زلف یار باز کنید
شبی خوش است باین قصّه اش دراز کنید
حافظ

داستان ها

انسانها از زمانه های قدیم به شنیدن داستان عادت داشته اند. در دوره های قبل التاریخ حتی ساینس و فلسفه را مردم در قالب اسطوره ها می گنجانیدند و اسطوره همان داستان است منتهی محتوای آن با داستانهای معمولی تفاوت دارد. در حالیکه داستانهای معمولی از روابط انسانها و احساسات فردی سخن می گوید، اسطوره ها سوالهای عمیق و جهان شمول بشریت را از قبیل آغاز خلقت، چگونگی و کارکردِ طبیعت، و تلاش برای حیات جاودانه مطرح می سازد. در فرهنگ دری، شاهنامهٔ فردوسی اسطوره های فراوان دارد که یکی از آنها داستان ضحّاك آدم خور و کاوهٔ آهنگر می باشد.

بسیاری داستانهای قدیمی به نظم نوشته شده اند، مثلا شاهنامه فردوسی، لیلی و مجنون نظامی ، الیاد هومر و غیره. بعضی داستانها را حماسه یا اپک .. epic می خوانند. خصویت این داستانها این است که مضمون آن باجنگ قوم ها و ملت ها سر و کار دارد، با خیر و شر و نیک و بد سر و کار دارد، با مقابلهٔ انسان و اژدها و شهزاده و دیو سر و کار دارد.

شاهنامهٔ فردوسی مثل همه اپک ها تصویر فرهنگ و زندگی روزمره اجداد ما را با جزئیات و تفصیل رسم میکند. ولی در کنار این تصویر، سوالهای عمیق اجتماعی و روانی را نیز مطرح می سازد: شاه خوب چه خصوصیت هایی دارد؟پهلوان خوب چگونه آدمی می باشد؟ چرا رستم سهراب را کشت ؟ همچنان شاید سوال دیگری هم در ذهن خونده خطور کند: چه دلیل است که سهراب یونانی (اودیپوس) پدر خود را می کشد و سهراب شرقی از دست پدر کشته می شود؟

در فرهنگ افغانستان و کشور های همسایه داستانهای فلکلوری هم بسیار رول مهم بازی می کند. درین داستانها که بیشتر شان عاشقانه است گاهگاه از جند و پری و جادو حکایت می شود و معمولاً دران مضامین یا تیم های اجتماعی و انتقادی هم وجود دارد. مثلاً در داستان میمونه به شوهر بدگمان ِاو انتقاد می شود مثل نمایشنامهٔ اوتلوی شکسپیر که اوتلو را محکوم می کند. یا در داستان توره که مانند رابین هود یک نوع عصیان در مقابل زورمندان است و یک نوع حستجو در جهت عدالت اجتماعی.

	companions,	معاشران
	Knot	گره
	[my] lover's hair	زلف یار
	open	باز کنید
	extend it with this story	باین قصه اش دراز کنید
lit. memorizer [of the Qur'an]	15th Cent. Poet	حافظ
	human beings	انسان ها

	time	زمانه
باستانی	ancient	قدیم
	pre-historic	قبل التاریخ
very common idiom	frame, matrix	قالب
	narrative, story	داستان
	myth	اسطوره
	[They] placed, put	می گنجانیدند
Used as transition	except, but	منتهي
muh.tawaa	content	محتوی
	ordinary	معمولي
	while	در حالیکه
sing. را بطه	relations	روابط
Adj.	individual	فردی
	Deep	عمیق
Adj.	universal, world	جهان شمول
also بشر	humanity	بشریت
	such as	از قبیلِ
	Creation	خِلقت
noun	the way [it] works	کارکرد
	nature	طبیعت
eternal life	immortality	حیات جاودانه
very common idiom	puts forth, poses	مطرح می سازد
نثر ant.	verse (not prose)	نظم
	specialty	خصوصیت
	tribes and nations	قوم ها و ملتها
	deals with	سر و کار دارد
	confrontation	مقابله
	Dragon	اژدها
	Prince	شهزاده
cognate "devil" ?	giant, monster	دیو
Ferdawsi's master-piece (1010 A.D)	Epic of Kings	شاهنامه
	ancestors	اجداد
	details	جزئیات
lit. categorizing	elaboration	تفصیل
	psychological	رواني

	at least	اقلاً
	A mythic wrestler	رُستم
	Rostam's son	سهراب
	sometimes	گاهگاه
جنّ in Arabic	genie, demon	جند
	fairy	پری
	magic	جادو
sing. مضمون	subjects, themes	مضامین
	critical	انتقادی
نظر view	Appears	بنظر می رسد
	suspicious	بدگمان
	condemns	محکوم میکند
	rebellion	عصیان
	those with power	زورمندان
	social justice	عدالت اجتماعی
	search	جستجو
	in direction of	در جهتِ

تمرین لغات: جاهای خالی را با لغات مناسب از جدول پر کنید.

۱. داستانهای حماسی یا اپک مقابلهء انسان را با ______ نشان می دهد.
۲. اسطوره ها سوالهای عمیق روانی و فلسفی را ______ می کند.
۳. اوتلوی شکسپیر و شوهر میمونه در فلکلور پشتو بر زنهای خود ______ بودند.
۴. داستانها بخاطر ضرورت بشر به فهمیدن و علاقهء انسان ها به عدالت ______ آمده.
۵. در افسانه ها شهزاده ها با دیو مقابله می کنند که با ______ عروسی کنند.
۶. بعقیدهء بیساری مردم ______ وجود دارد ولی انسانها او را دیده نمی توانند.
۷. حماسهء الیاد یونانی جنگ با تروجن ها را به ______ تشریح می کند.

۸. اسطوره ها با سوالهای فلسفی ______ دارد مثلا اینکه دنیا چطور بوجود آمد و توفان چرا صورت می گیرد.

۹. در اسطوره های یونان پسر پدر خود را ناشناخته ___ و در شاهنامه پدر پسر را.

۱۰. توره مثل رابین هود مال را از ______ می گیرد و به غریبان می دهد.

تمرین خواندن

۱. در داستان های فلکوریک گاهگاه____ دیده می شود.
- o قهرمانان اروپایی
- o جند و پری
- o آدم های شاخدار

۲. در فلکلور مثال یک ____ داده شده.
- o زن بد اخلاق و فاسد
- o شوهر آبی چشم
- o شوهر ی که بر زن خود اعتماد ندارد.

۳. شاهنامهء فردوسی یک _____ است.
- o داستان فلکلوریک
- o حماسه یا اپیک
- o داستان عاشقانه

شامه خو شام است.

تازه پر کو چلمه
ملایم کو دل مه
دور گردن پیچاندی
دستمال ابریشمه
فلکلور

فکاهی چرسی ها و روزه افطار

چند نفر چرسی روزه داشتند و منتظر افطار بودند که بتوانند چرس بکشند. تقریباً یک ساعت بعد از چاشت رئیس شان گفت:
"چلمه تازه کنین. افطار نزدیک اس."
چرسیان دیگر آب چلم را بدل کردند، چرس را در سرخانهء چلم انداختند و منتظر ماندند. رئیس چند دقیقه منتظر ماند، بعد بیرون برامد و بآفتاب نگاه کرد. دید که هنوز آفتاب در وسط آسمان است. پس آمد و باز هم منتظر نشست. چند دقیقه بعد رئیس چرسی ها امر کرد که گوگرد بیارند. حالا که همه چیز آماده بود، دوباره بیرون رفت و بطرف آفتاب خیره شد. بعد به لحن جدی صدا کرد:
"شامه خو شام است. تو ره که خدا ده نیم آسمان میخ کده، همونجه باش."
متعاقباً به درون خانه آمد و به دوستان خود گفت. شام است بیایین که افطار کنیم.

chillam	water pipe, hookah or shisha as known in other cultures	چلم
del is more generic in Dari and could mean stomach too.	soften my heart	ملایم کو دل مه

	Neck	گـردن
	turn (something)	پـیـچـانـدن
	silk muffler, handkerchief	دسـتـمـال ابـریـشم
	hashish addict	چـرسی
	fast breaking time	افـطـار
change water in the chillam	refresh	تـازه کـردن
	change	بـدل کـردن
	tobacco holder	سـرخـانـه
	middle	وسـط
	Matches	گـوگـرد
	stared	خـیـره شـد
	in a serious tone	بـلـحن جـدّی
	It is evening, all right	شامـه خو شـام اس
	has nailed	مـیـخ کـده

فـکـاهـی ای عجب نـیـست

مـی گـویـنـد کـه یـک مـردی کـه تـازه ازدواج کـرده
بـود بـرای کـدام کـار ضـروری بـه جـای دور سفـر
کـرد . از قـضا کـارش طـول کشیـد و سـالهای سـال
بخـانـه نیـامـد .

بـلاخـره بـعد از ده سـال تـمام آب و دانـه او را
دوبـاره بـه شـهر و دیـار خـودش کـش کـرد و رأسـاً
بـه خـانـه رفت. در خـانـه بـا زن خـود سلام عـلیـکی
کـرد و بـه پـسرک دو سـه سـالـه ای کـه روبـرویش
نـشسـتـه بـود اشـاره کـرده گـفت:

ای بـچـه گک کـی بـاشـه؟
زنـش گـفت ای بـچـهٔ مـه اس.
مـرد گـفت "عجب!"

زن گفت:
"نی. ای عجب نیس. رجب اس. عجب رفته بازار
که سودا بیاره."

	afterwards	متعاقباً
	marry	ازدواج کردن
	As fate would have it,	از قضا
Meaning, people follow their destiny in search of subsistence	years and years	سالهای سال
	water and (bird) food	آب و دانه
	two- or three-year old	دو سه ساله
	pointing	اشاره کرده
=be stunned تعجب	Strange!	عجب!
name of a lunar month	a male name	رجب
lit. bring shopping	to do shopping	که سودا بیاره

تمرین لغات و اصطلاحات
در مقابل هر لغت نمره ٔ عبارتی را بنویسید که با
آن رابطه ٔ نزدیک دارد یا از عین کتگوری ست.

چرس	۱. خورشید
چاشت	۲. نشان دادن
آفتاب	۳. زن و شوهر شدن
اشاره کردن	٤. ساعت دوازده ٔ روز
ازدواج	٥. برای روشن کردن سگرت بدرد می خورد
آب و دانه	٦. یک ماده ٔ مخدر و نشه ای
گوگرد	۷. نان، مخصوصاً نان پرندگان

جدول دوم: برای هر لغت اصطلاح یا کلمهء مانند یا مربوط آنرا پیدا کنید.

افطار	۱. بازار
میخ	۲. چوب
لحن	۳. روزه را شکستن
رئیس	٤. وطن
سیل کردن	٥. زبان
سودا	٦. چشم
شهر و دیار	۷. شرکت، دفتر

دی شیخ با چراغ همی گشت گِرد شهر
کاز دیو و دد ملولم و انسانم آرزوست
مولانا جلال الدین بلخی/رومی

محیط زیست

قدیر	چقه وخت شده که میله نرفتیم
جلوه	دیر نشده. جمعهء گذشته رفتیم عبد الله برج.
قدیر	ام دفعه بریم بامیان
جلوه	ولا بامیان خو بسیار مشکل است. باید جایی بریم که شب پس آمده بتانیم. ولی باید جایی باشه که مثل بامیان طبیعت مغبول داشته باشه.
قدیر	تو چرا طبیعتَ ایقدر خوش داری؟
جلوه	آیا کسی هست که طبیعتَ خوش نداشته باشه؟
قدیر	مام خوش دارم ولی انسان اولیت داره. طبیعت در خدمت انسان ها. اگه طبیعت بحال خود گذاشته شوه، گرسنگی و جنگ و وحشت زیاد میشه.
جلوه	ده ای گناه انسان هاست. طبیعت منابع تهیه میکنه و انسانها او منابع ره ضایع می سازن. طبیعت بخاطر بی کفایتی و بی اعتنایی انسانها ظالم می شه. هوا ره ماشین های انسانها کثیف ساخته. زمینه کوتاه فکری انسانها تنگ ساخته. درخت هاره ما قطع می کنیم. جنگل ها را ما از بین می بریم.

قدیر او هم گناه ما نیست. طبیعت ماره ظالم ساخته. طبیعت دستور می ته که مرغ ماهی ره بخوره و انسان هردویشه. طبیعت گفته که ما همرای یکی دیگه به هزار بهانه جنگ کنیم. ای ده فطرت ماست که هر چیزه ضایع کنیم بشمول زندگی خودو دگه انسانها.

جلوه اویی. تو چقه جدی شدی. انسانهای خوب هم پیدا می شه. هرکس جنگ سالار نیس. هرکس منفعت جو نیس. هرکس خاین نیس.

قدیر هان اینه مثلا شما که حتی یک درخت هم از دست تان آزار نمی بینه چه رسه به پرنده ها.

جلوه خو حاله طنز میگی؟

قدیر نی. منظورم ایس که تو یک انسان خوب استی، خوبِ از حد زیاد.

جلوه به هر حال. همی ره قبول داری که انسان های خوب هم پیدا می شن، انسانهایی که هم غم انسانهای دگه ره بخورن هم مزاحم طبیعت نشن.

قدیر قبول اس. بتمامِ معنی. انسانهایی هستن که برِ حظ بردن از طبیعت حاضر و آماده ستن. استالف چطورس؟

جلوه استالف بهترین جای اس. هم نزدیک هم زیبا.

قدیر مه دگه دوستها ره هم خبر میکنم که ترتیب میله ره بگیرن.

جلوه صحیح س مگم فقط یک دو تا دوست های

کم گپ و خوش ذوق.

قدیر　　طبعاً مرغ کم

جلوه　　غمش کم. ببخشی که سانسورت کدم.

قدیر　　نی خوب اس. کم کم سانسورهم روا باشه.

archaic usage	yesterday, last night	دی
same as Arabic "sheikh"	wise man	شیخ
	Lamp	چراغ
allusion to the tale attributed to Diogenes, the cynical Greek philosopher	was going around town	همی گشت گرد شهر
	monsters and beasts	دیو و دد
	for I am tired of monsters and beasts	کاز دیو و دد ملولم
	I long for humans	انسانم آرزوست
زیست Living	environment	محیط زیست
نه رفته ایم	We haven't gone on a picnic	میله نرفتیم
formal این دفعه	a place near Bagram	عبدالله برج
	this time	اِم دفعه
	be able to return	پس آمده بتانیم
	nature	طبیعت
خوبش ، مقبول , coll syn	beautiful	مغبول
	I like ..too	مام خوش دارم
	has priority	اولیت داره
	serving human beings	در خدمت انسانها
	leave alone	بحال خود گذاشتن
	savagery, horror	وحشت
	resources	منابع
	prepares	تهیه میکنه
lack of attention	indifference	بی اعتنایی
	becomes oppressor	ظالم می شه

	has made dirty	کثیف ساخته
lit. made narrow	has limited the space	تنگ ساخته
	we cut	قطع می کنیم
	[He] orders, commands	دستور می ته
	both of them	هر دویشه
	excuse	بهانه
	is in our nature	ده فطرت ماست
	waste	ضایع کردن
Exclamation	Pew! Oh my!	او یی!
	You got so serious!	چقه جدی شدی
	war lord	جنگ سالار
lit. profit seeker	profiteering, selfish	منفعت جو
from خیانت	traitor	خاین
is not teased, annoyed	is not disturbed	آزار نمی بینه
	let alone…	چه رسه به
My purpose is this that	What I mean is that	منظورم ایس که
more than limited	too much	از حد زیاد
	to disturb	مزاحم شدن
In its full sense	by all means, completely	به تمام معنی
	take pleasure, enjoy	حظ بردن
	to arrange	ترتیب گرفتن
	Censor	سانسور
روا allowed by religion	should be ok, acceptable	روا باشه

141

تمرین لغات افعالیکه از دو کلمه جور شده اند
برای هر لغت ستون راست فعل مناسب و اصطلاحی آنرا
انتخاب کنید.

کردیم	ترتیب میله را
شدیم	مزاحم همسایه ها
دادیم	مزاحمت خلق
زدیم	از موسیقی حظ
ساختیم	منابع را ضایع
بردیم	از احوال او خبر
گرفتیم	رفیقان را آزار
	نان خشک فرمایش
	با یکدیگر گپ

تمرین لغات. لغات مشابه را جوره کنید.

درست میکنه	۱.	به تمام معنی
این بار	۲.	مغبول، مقبول
کاملا، بیخی	۳.	بی اعتنایی
می بُره	۴.	تهیه میکنه
اجازه است	۵.	انسان
توجه نکردن	۶.	دستور می ته
زیبا، خوشگل	۷.	قطع می کنه
آدم	۸.	روا ست
امر میکنه	۹.	ام دفعه

رفتیم و داغ ما به دل روزگار ماند
خاکستری ز قافلهء اعتبار ماند
بیدل

مهمان ناخوانده

نامش چیز دیگر بود ولی خانمش او را به شوخی ترجمان صاحب می گفت. این بخاطریکه هر اعلان ترجمانی را که می شنید به نمرهء پردهء تلویزیون زنگ می زد و درخواستی کار را با دقت و سلیقه برایشان خانه پری می کرد. ولی وقت مصاحبه که می رسید برایش می گفتند شما را بحیث ترجمان به افغانستان روان می کنیم و خانمش او را منصرف می ساخت.

"خطر جانی داره. ازو کده امی پیتزه فروشیت خوب اس."
"خطر خو ده همی کار هم اس. هر شو که دلیوری می کنم پیش خود فکر میکنم شاید دگه پس نبیایم. مردم سر بیست دالر کشته شده اند. می فهمی؟"
"او خو هست. اما خطر تا خطر اس. اگه خطرش زیاد نمی بود پیسه اش هم زیاد نمی بود."

و بهمین ترتیب بحث نا تمام می ماند و کار پیتزه دوام پیدا می کرد. تا اینکه یک روز که خانه آمد برایش پیام گذاشته بودند: درس پشتو برای سه هفته میسر است. اگر علاقه دارید، تیلفون کنید.

ترجمان این بار در قانع ساختن خانمش اشکالی
نداشت. کار سه هفته ای در خود امریکا آنهم
در داخل بیس عسکری؟ ازین چه بهتر.

در ظرف یک هفته همه ترتیبات گرفته شد و خانمش
به همه اقارب تیلفون کرد که شوهرش بحیث
پروفیسر زبان شناسی استخدام شده.

ترجمان روز ها درس می داد و شب ها یا کار
خانگی اصلاح می کرد یا آمادگی می گرفت و یکی
دو بار هم به خانمش زنگ می زد.

دو هفته از درس گذشت و ترجمان با شاگردان
خود خو گرفت. گاهی برای شان ویدیو نشان می
داد، گاهی سی دی می شنواند. بسوالات شان در
مورد پشتونولی و ننواتی و بدل و میلمه
پالنه جواب می داد و آنچه را جواب داده نمی
توانست از شکمبه ساخته کاری می کرد.

یک روز بعد از ظهر تصادف عجیبی رخ داد. از
کار که آمد، یکی از هم صنفیان دورهٔ مکتبش
در سالون پذیرایی هوتل منتظرش بود. نام او
را بعد از جد و جَهد بسیار بیاد آورد ولی از
زندگی او تنها این را خوب بیاد داشت که با
یکی از تنظیم ها در پاکستان در تماس بود.

مهمان ناخواسته مثل اینکه در پیشانی
میزبانش یک تشویش ضعیف را خوانده باشد،
شروع کرد به داستان سرایی: که با گذشته قطع
رابطه کرده، که حالا بفکر زن و اولاد است،
که سیاست را به سیاستمداران گذاشته، و

144

بلاخره که او هم مثل ترجمان، پشتو درس می دهد.

ترجمان چیزی نگفت و گپ زنش را بیاد آورد که درین زمانه باید به هیچ کس اعتماد نکند.
مهمان گفت مه فقط یک کمک یک روزه از پیشت کار دارم. صبا ده یک عروسی خبر استیم و اگه بعد از درس حرکت کنم بسیار ناوخت می رسم. اگه ممکن باشه شاگردهای خوده ده صنف تو روان کنم.

ترجمان درین پیشنهاد کدام اشکالی ندید ولی با اینهم نخواست چنین کمکی را به چنین آدم ناشناس بکند، لهذا در بیل ماست مایه کرد و گفت هر جمعه امتحان دارد و منصبداران برای معاینه صنف او می آیند.

مهمان مثل اینکه همچو جوابی را توقع داشت زیرا هیچ متأثر نشد:

پروا نداره روز جمعه ره مریضی می گیرم. خی لطفاً مره تا اطاقم برسان، اگه بسیار مصروف نباشی.

ترجمان خوشحال شد که با یک "راید" دادن این بلای آسمانی را از خود رد کرده می تواند و فوراً به طرف موتر خود رفت و مهمان طبعاً او راتعقیب کرد.

وقتیکه نزدیک موتلِ مهمان رسیدند، ترجمان پرسید:

"مصارف هوتله خو برتان می تن، چرا ده اینجه آمدین؟"
"چه فرق می کنه؟ سه هفته س تیر می شه."

در روبروی اطاق اصرار افغانی شروع شد. ترجمان چاره ای ندید مگر اینکه درون برود و چای سبزی را که در ظرف قهوه درست شده بود بعجله تمام کند. وقتیکه برگشت، متوجه شد که مهمان شیشهء طرف خود را نیمه باز گذاشته. در دلش به بی تفاوتی افغانها پوزخند زد و شیشه را با فشردن دکمه ای از دور بلند کرد.

آنشب بسیار می خواست به زنش تیلفون کند و لاف نی گفتن خود را بزند ولی زنش در خانه نبود. تصمیم گرفت یک ساعت بعد دوباره زنگ بزند. بعد چنان مصروف کارخانگی و مرزا قلمی شد که تیلفون از یادش رفت و در چراغ های روشن بخواب رفت.

فردای آنروز در راهِ بیس دفعتاً سوالی در ذهنش خطور کرد: چطور این اخوانی گگ را تا حالا هیچ ندیده بود؟ شاید معلم نبوده و لاف ناحق زده. موتر را در نزدیک گاردِ دروازه آهسته کرد. پهره دار که کارت ورودی اش را در شیشهء پیشروی دید، اشاره کرد که رفته می تواند. هنوز پایش را از برک نبرداشته بود که کسی بصدای بلند صدا زد: ستاپ! سویسایدبامر! (حمله کنندهء انتحاری) و از چار طرف عسکر ریخت.

حالا همه چیز برایش حل شده بود. مهم نیست: وکیل می گیرد و ثابت می کند که بیگناه است. بیچاره ترجمان. هنوز دفاعیهء خود را از ذهن خود نگذشتانده بود که وجودش قطعه قطعه به اطراف گیت پراگنده شد.

مرگی چنین آنی برایش فرصت نداد که دردی احساس کند مگر آن درد ِ فلك بُعدی که جمجمهء ازهم پاشیده اش را زیر فشار گرفته بود: بیوهء مرا مردم زن انتحاری گفته طعنه خواهند داد و هیچ کس نخواهد فهمید که دکمهء ریموت را آن روز جمعه کس دیگر فشار داده بود.

	our scar	داغ ما
	heart	دل
	time, world	روزگار
from ماندن	remained	ماند
the ی means "a	a (pile of) ashes	خاکستری
Ash is all that remains as a sign of a caravan.	caravan	قافله
	credibility, reputation	اعتبار
	playfulness, humor	شوخی
	screen	پرده
	request, application	درخواستی
	precision, care	دِقت
	taste, organization	سلیقه
	interview	مصاحبه
	make someone give up	منصرف ساختن
جان means many things. It is both body and soul sometimes life. It is also a common word of endearment.	risk of death	خطر جانی
	discussion	بحث
	over twenty dollars	سرِ بیست دالر
	thus,	بهمین ترتیب
	leave a message	پیام گذاشتن
	be available	میسر بودن
	have a problem	اشکال داشتن
	what could be better than that?	ازین چه بهتر؟
	during, within	در ظرفِ
	linguistics	زبان شناسی
	homework	کار خانگی
	employment	استخدام
	preparation	آمادگی
	become accustomed	خو گرفتن
	pashtuns' traditional way of life (honor code)	پشتونولی
a visit to one's house from the enemy's folks	strong request for forgiveness from one's enemy	ننواتی

from paunch, sheep stomach	from one's butt, invented	از شکمبه
	lobby, reception hall	سالون پذیرایی
	effort	جدّ و جهد
	(political) organizations	تنظیم ها
Neighbor A: Can I borrow your spade? Neighbor B: Sorry, I am making yoghurt in my spade.	come up with an outlandish excuse	در بیل ماست مایه کردن
	observation	معاینه
	insist	اصرار
	to take sick leave	مریضی گرفتن
	while, during	در اثنای
	button	دکمه
	sneer, ridicule	پوزخند
	cross one's mind	در ذهن خطور کردن
gak or ak is a suffix that forms diminutives: دخترک، بچه گک، خانه گک، چوبک، چکک	the little ekhwaani (member of islamic brotherhood)	اخوانی گک
	unwarranted, baseless	ناحق
	defense	دفاعیه
	pieces	قطعه قطعه
	scattered	پراگنده
	but, except	مگر
	with cosmic dimensions	فلک بُعدی
	suicide (adj)	انتحاری

تمرین گرامر: **فعل گذشته، گذشتهء دور و مضارع:**
به اشکال مختلف فعل درین جملات توجه کنید و بعد خانه خالی ها را با شکل مناسب فعل پر کنید.

زلمی هر روز موسیقی **می شنید.**
زلمی دیروز یک آهنگ نو **شنید.**
من فلم سوارکاران عمر شریف را دیده ام.
زلمی فلم کایت رنر را **ندید** زیرا هنوز کتاب آنرا **نخوانده بود.**

زلمی پلان دارد که کتاب را **بخرد** و بخواندن آن **شروع کند.**
اگر من دختر **می داشتم** نامش را روشنی **می ماندم.**

Zalmai listened (would, used to listen) to music every day.
Zalmai listened to a new song yesterday.
I have seen *The Horsemen* with Omar Sharif.
Zalmai did not see the movie *Kite Runner*, because he had not read the book yet.
Zalmai is planning to buy the book and start reading it.
If I had a daughter, I would name (would have named) her *Roshani*

۱. ترجمان در پیتزه فروشی کار ________(کردن)
۲. اگر خانمش قبول می کرد، شاید برای ترجمانی به افغانستان ________ (رفتن)
۳. ترجمان متوجه شد که هم صنفی اش شیشهء طرف خود را باز ________ (گذاشتن)
۴. ترجمان در آخرین دقیقه های زندگی خود توانست حقیقت را ________ (فهمیدن)
۵. عسکر ها نتوانستند از منفجر شدن موتر جلوگیری ______ (کردن)
۶. می خواست به خانمش ________ (گفتن) که مهمان ناخوانده را نگذشته که ازو استفاده جویی ______ (کردن)
۷. ترجمان باور کرده بود که مهمان پلان دارد به عروسی ________ (رفتن)
۸. وقتی که بخانه تیلفون کرد، خانمش جایی ______ (رفتن)

فردوس هم نشینی یاران همدم است
دیدار یار نا متناسب جهنم است
سعدی

نو شابهء نرم

شب جمعه بود و سدوزی چند خانوادهء افغان و همسایهء پاکستانی شانرا در خانه نو شان در سینت دیی گو مهمان کرده بودند که ما هم از جمله مهمانان بودیم. متاسفانه مهمان ها آنشب نا متجانس بودند و سدوزی نمی دانست که با کدام گروه چگونه معامله کند. اولین مشکل او نشاندن و جابجاکردن مدعوئین بود. گرچه نمی خواست روشنفکری را ازحد بیشترکند، اینقدراطمینان داشت که مجلس رانباید کاملاً زنانه و مردانه بسازد. پس همه را به اطاق نشیمن رهنمایی کردند که البته خانمها نزدیک تلویزیون نشستند و سخن از سریال ها و خواننده ها بلند کردند در حالیکه مرد ها در گوشهء دیگر سالون به بحث سیاسی پرداختند و همه را محکوم کردند بشمول خوانندگان و قهرمانان سریال ها.

فضول ترین مهمان کبیر نام داشت که هیچ کس را به حرف زدن نمی ماند. موضوع امشب کبیر معالجهء کلسترول توسط نباتات طبّی بود اما مثلیکه تمام دلایل او را مهمانان دیگر شنیده بودند که همه در فکر های خود فرو رفتند. کبیر متوجه شد و موضوع را تغییر داد:

"چه فکر می کنین؟ حملات انتحاری را کی تمویل می کند؟"

ولی پیش از آنکه کسی فرصت جواب را پیدا کند خودش جواب دلخواه خود را بهمه عرضه کرد: حملات انتحاری از طرف امریکا تمویل می شود. دیگر مهمانان که این تیوری را قبلا هم شنیده بودند بطرف من دیدند و با اشاره دست پرسیدند که چه کنیم. من به نجات بیچاره ها شتافته به سدوزی گفتم می خواهی که ما بیاییم و در چای درست کردن دست پیشی کنیم؟

سدوزی گفت نظر خوبیست و کبیر اضافه کرد که برای او نوشابهء نرم بیاوریم (منظورش مشروبات غیر الکلی بود). ما بطرف آشپزخانه دویدیم و کبیر را ماندیم با بیچاره پاکستانی.

سدوزی دست پاچه و وارخطا معلوم می شد. مشکل این بود که می خواست مشروب سرویس کند ولی کبیر در مقابل مشروبات الکلی حتی آبجو تعصب داشت. و پاکستانی هم درنگ نمی کرد مخصوصاً پیشروی دیگران. سدوزی چاره ای نداشت بجز اینکه مشروب را به تغییر لباس در گیلاس های کوکاکولا سرو کند.

لهذا وقتیکه پتنوس را بمن داد در گوشم گفت که این پیاله ها کوک شیرین است و باید برای خانم ها برده شود و پتنوسس دیگر را خودش به طرف مرد ها برد. کبیر و مرد پاکستانی مشروب

"نرم" گرفتند و مردان دیگر به نوشیدن کوکِ مخلوط شروع کردند.

ولی پتنوس من یک ماین در حال انفجار بود. هنوز تمام پیاله ها تقسیم نشده بودند که ناگاه خانم کبیر بصدای بلند اعلام کرد:

"ای نوشیندنی بسیار بد مزه است. کبیر بیا ای ره بچش."

شوهر هم اطاعت کرد و گیلاس خانمش را چنان با جرئت نوشید که گویی سقراط بود و کاسهء زهر را سر می کشید.

"ای کوک شراب داره. ای کلانترین اهانت است. یکی از مردان که شوخ مشرب بود خواست موضوع را ماستمالی کند:"

"بیادرا تکسی بخواهین که زن و شوی هر دو نشه استند."

اما کبیر که خود را از آنچه بود خشمگین تر نشان میداد، یک خدا حافظی دل و نادل کرده دست خانمش را گرفت و خانهء سدوزی را برای همیشه ترک گفت.

سدوزی که بسیار تکان خورده بود به هر طرف می دید که کسی بگوید پروا نداره ولی همه ساکت بودند. درین وقت مرد مزاقی موقع را غنیمت شمرده گفت بیایین که عجب کار شد: حالا

153

ما مجبور نیستیم که کلسترول خوده نو سازی
کنیم.

خانم سدوزی شروع کرد به چای دم کردن و مرد
بذله گو گفت:

"تشکر همشیره مگم هوشکو که ده چای مفرح گت
نکنی." بعد لهجهء خود را کاملا جدی ساخته
ادامه داد:

آدمیکه فکر کنه کوکا کولا سرف کردن هم یک
توطئه بر ضد فامیل اوست به سودا واتر نمی
ارزد چه رسد به کوک.

	paradise	فردوس
lit. sit together	association	همنشینی
	of similar attitudes	همدم
	visit, meeting	دیدار
	inappropriate	نا متناسب
	hell	جهنم
از "تأسف"	unfortunately	متاسفانه
	among	از جمله‌ء
from جنس kind, type	heterogeneous	نامتجانس
دعوت=invitation	those (who were) invited	مدعوئین
	place, put away	جابجا کردن
	group	گروه
	deal	معامله
	intellectual	روشنفکری
from حد limit	excessively	از حد بیشتر
	living room	اطاق نشیمن
	guide, lead	رهنمایی کردن
	started	پرداختند
	political discussion	بحث سیاسی

154

حکم = rule	condemn	محکوم کردن
	including	بشمول
also hero	characters	قهرمانان
lit. excessive	frivolous, rude	فضول
	medical plants	نباتات طبّی
oats جَو (aabe jaw)	beer	آبجو
	prejudice	تعَصب
	to go deep into thinking	در فکر فرو رفتن
	suicide attacks	حملات انتحاری
from مال property, stock	finance	تمویل
	chance, opportunity	فرصت
	desired	دلخواه
	offer, supply	عرضه کردن
	change the subject	موضوع را تغییر دادن
	help out	دست پیشی
	good idea	نظر خوب
also شتاب کردن	rush	شتافتن
	drink	نوشابه
	nervous, hasty	دست پاچه
	worried, nervous	وارخطا
	at the beginning	در ابتدا
	immediately	فوراً
	in disguise	به تغییر لباس
lehaazaa	therefore	لهذا
	tray	پتنوس
	whisper	در گوش گفتن
from تقوا	pious	متّقی
	pure, genuine	خالص
This construction approximates the "ing" or progressive aspect, although there are other ways to handle "ing" too.	exploding, waiting to explode	در حالِ انفجار
	distributed	تقسیم شده
	declare	اعلام کردن
	drink	نوشیدنی
also بی مزه	bad-tasting	بد مزه

155

from چشیدن to taste	taste this	ای ره بچش
	obey	اطاعت کردن
	boldly	به جرئت
lit. you would say	as if	گویی
Socrates accepted his death penalty because he did not want to give up his life style and principles.	socrates	سُقراط
	drink up	سر کشیدن
	humorous	شوخ مشرب
	cover up	ماست مالی
	drunk	نشه
also توهین	insult	اهانت
also ترک کردن	leave	ترك گفتن
	half-hearted	دل و نادل
formal alternative: ظریف	one who jokes	مزاقی
	take advantage of the moment	موقع را غنیمت شمردن
	how nice! wonderful	عجب کاری شد
	reconstruction	باز سازی
	jester	بذله گو
lit. something that makes one happy	candy-like stuff containing hashish	مُفرَح
formal: مخلوط کردن	mix (coll.)	گت کردن
also دسیسه	conspiracy	توطئه
These were much cheaper than coke, sprite, etc.	flavored carbonated water	سودا واتر
	let alone, much less	چه رسد به

تمرین لغات. نمرهء جواب درست را بنویسید.

شهر را ترک گفتن	۱. کسی را خورد ساختن
باز سازی کردن	۲. یکجا کردن، مثلا شیر و بوره را
گویی	۳. آباد کردن، درست کردن
نشه	٤. سفر کردن، مسافر شدن
اطاعت	٥. قبول کردن، بلی گفتن
اهانت	٦. مثل اینکه، چنان فکر کنی که
گت کردن	۷. مست، کسیکه شراب خورده

برای هر لغت اصطلاح یا کلمهء مخالف آنرا پیدا کنید.

بذله گو	۱. بعداً، پسان
به جرئت	۲. بلاخره
در گوش گفتن	۳. جدّی، کسی که شوخی نمیکند
فوراً	٤. ترسیده، خجالت زده
در ابتدا	٥. خوردنی
نوشیدنی	٦. اعلام کردن، پنهان نکردن
توطئه	۷. بصدای بلند حرف زدن

تمرین خواندن: درست یا نادرست؟

۱.مرد پاکستانی شراب نمی خورد.___

۲.سدوزی در گیلاس خانم کبیر شراب ریخت که کبیر را توهین کند.___

۳. کبیر و پاکستانی هردو از محفل برامدند.__

۴. زنان در بارهء رسانه ها گپ می زدند.__

۵. بعقیدهء کبیر زیاد بودن کالسترول یک پروپاگند شرکت های دوافروشیست ___

۶. برای تغییر موضوع گویندهء داستان رفت که در آشپزخانه با سدوزی کمک کند.___

۷. خانم سدوزی در چای یک مادّه مُخدر بنام مفرح انداخته بود. __

۸. وقتیکه کبیر گفت امریکا حملات انتحاری را تمویل می کند، سدوزی با او دعوا کرد. ___

۹. بعد از برامدن کبیر، چای خوردن شروع شد. ___

۱۰. مرد پاکستانی ظریف و بذله گو بود. __

در عشق تو ما سر بکف دست نهادیم
از چشم سیاهت که فتادیم فتادیم
یک تیرز مژگان تو خوردیم و شکستیم
هر چند که افغان سلحشور نژادیم
جنید

داستان صوفی و جهاد

این قصه از مثنوی مولانا اقتباس شده

روزی یک صوفی بسیار احساس گناه کرد که چرا در جهاد بر ضد کُفّار سهم نگرفته. برای اینکه ازین خجالت نجات پیدا کند، خود را پیش غازیان رسانید و بآنان گفت که حاضر است او به غزا برود و غازی شود. جنگجویان باو گفتند بسیار خوب، بخاطریکه فعلاً کدام غزادر پیش نداریم برو در پس خرگاه و اسیر جنگی را که دست و پا بسته آنجا افگنده ایم سر ببُر.

صوفی قبول کرد و رفت به عقب خرگاه. چندین دقیقه تیر شد و صوفی پس نیامد. غازیان تعجب کردند که کشتن یک اسیر دست بسته چطور اینقدر طول کشید. وقتیکه برای خبر گرفتن ازصوفی رفتند، دیدند که صوفی را اسیر زیر گرفته و با دستان بسته روی سینهء او نشسته گردنش را می جَود.

اسیر را بعجله سر بریدند و از صوفی پرسیدند که خیریت است؟ چرااو را با یک ضربه مردار نکردی؟

صوفی گفت. نتوانستم. همینکه با تیغ بطرف او رفتم چشمان زیبای خود را باز کرد و بسوی من دید. آن چشم ها از لشکر هم قوی تر بودند و مرا مات و مبهوت کردند. یک نظر بسوی او دیدم و از حال رفتم.

جنگجویان خندیدند و باو گفتند با این دل و گُرده ای که تو داری برو در آشپیز خانهٔ خانقا و خود را در میدان جنگ رسوا نساز.

گفت چون قصد سرش کردم بخشم
طُرفه در من بنگرید آن شوخ چشم
چشم را واکرد پهن آن سوی من
چشم گردانید و شد هوشم ز تن
گردش چشمش مرا لشکر نمود
می نیارم گفت چون پر هول بود
قصه کوته کن کز آن چشم این چنین
رفتم از خود اوفتادم بر زمین

	palm of hand	کف دست
	fall from favor	از چشم فتادن
	arrow	تیر
	eyelashes	مژگان
	even though	هر چند
	warlike, brave	سلحشور
	race, ethnicity	نژاد
Don't confuse with غذا	holy war	غزا
	guilt feeling	احساسِ گناه
one who has fought	warrior	غازی
	prisoner	اسیر
	a type of tent	خرگاه
	we have thrown	افگنده ایم

	Were surprised	تعجب کردند
	took long	طول کشید
lit. take under	be over someone	زیر گرفتن
	chest, breast	سینه
	he chews, is chewing	می جَود
	hurriedly	بعجله
	Is everything ok?	خیریت است؟
	one strike	یک ضربه
said of animals too	kill (derogative)	مردار کردن
kill improperly, not halal	Dagger	تیغ
	Army	لشکر
	stunned	مات و مبهوت
	to faint	از حال رفتن
lit heart and kidney	courage	دل و گرده
	gathering place for Sufis or dervishes	خانقا
	battle field	میدان جنگ
	to disgrace someone	رسوا ساختن
Lit. intend someone's head; comp. *bad intention* attempt on life: سوء قصد	Intention to kill	قصدِ سر
	anger	خشم
	strange	طرفه
bengareed, (past tense)	Looked	بنگرید
شوخ impudent, aggressive	with flirtatious eyes	شوخ چشم
	turned his eyes	چشم گردانید
My consciousness went from body	I lost consciousness	شد هوشم ز تن
مرا = به من	looked like an army to me	مرا لشکر نمود
archaic use	can't say	می نیارم گفت
	for it was horrific	چون پر هول بود
I became unconscious	was beside myself	رفتم از خود
same as افتادم	I fell	اوفتادم
	concept	مفهوم
Nafs	ego, self	نفس
terms used about love	union and separation	وصال و هجران
	Sword	شمشیر

تمرین خواندن و لغات: جملات را با لغات مناسب تکمیل کنید.

۱. صوفی در عقب خرگاه بر ز________ افتاده بود.
۲. اسیر دست بسته گ______ صوفی را می جوید.
۳. صوفی در اثر زیبایی چ______ های اسیر از حال رفت.
٤. صوفی می خواست که در غزا شرکت کند و غ____ شود.
٥. بنظر جنگجویان صوفی باید در آشپزخانهء خ_____ جای بگیرد زیرا دل و گردهء جنگ را ندارد.

٦. برای صوفیان زیبایی چشم _____ ای برای درک **مفهوم** زیبایی است.
   - o روشنی
   - o وسیله
   - o ضربه
۷. صوفیان جنگ با خود و با نفس را از جهاد با ___ و ____مهم تر می دانند.
   - o جامعه و سیاست
   - o وصال و هجران
   - o شمشیر و تفنگ

تمرین اسم و صفت (به کدام متن ربط ندارد):
با استفاده از لغات جدول پایین، خانه های خالی را طوری پرکنید که جملات منطقی و طبیعی بدست آید. برای خانه خالی اول از ستون اول، برای خانه خالی دوم از ستون دوم و برای خانه خالی سوم از ستون سوم کار بگیرید.

For this exercise, select three words from three different columns: from column 1 for the first blank, from column two for the second blank, and for the third blank from the third column. The first one has been done for you.

مرد **باجرئت** بر **اسپ** **سفید** سوار شد.
در رستوران خانم ______ ______ ______ برای خود فرمایش داد.
طفل ______ در ______ ______ آبیازی کرد.
معلم ______ به ______ ______ نمرهء خراب داد.
آشپز ______ در ______ ______ مرچ و مصالح انداخت.
روباه ______ ______ ______ را خورد.
قاضی ______ ______ ______ را به بیست سال حبس محکوم کرد.
پادشاه ______ ______ خود را جزای ______ داد.
مادر ______ از ______ ______ غمخواری کرد.

2nd adj صفت دوم	noun اسم	1st adj صفت اول
شوخ	اسپ	ثروتمند
خانگی	دزد	با جرئت
تنبل	دختر	بی تفاوت
عمیق	قیماق	با انصاف
بلند قیمت	حوض	مهربان
مسلح	مرغ	خطرناک
سرخ کرده	شاگرد	جدی
شدید	غذا	لایق
سفید	گوشت	چالاک
نا لایق	پسر	عادل

جواب به تمرینات

معلومات راجع به دری: تمرین خواندن
۱. تفاوت بسیار کم است
۲ دختر (daughter)
(The word “brake” is not a cognate because it is simply borrowed from English.)

۳ تغییر صورت نمی گیرد
۴ لغات محاوروی و روز مره

در انتظار دوست: تمرین خواندن
۱. مهمانهای دیگر..
۲. ۱۵ دقیفه
۳. غذای خود را تنها..
۴. شیر

در انتظار دوست: تمرین اصطلاحات (۱)
رفتن-- رفته اند
میرین – می روید
ببخشین— ببخشید
مره – بمن
استاده کد – توقف داد
میاین – می آیید
برِش – برایش

تمرین اصطلاحات (۲)
شیشت ۳، بسته کد ۵ ، گریان کد ۲ ، مچوم ۱، گشنه ۶، همرای ۴، گپ داد ۷

تبدیل پرگراف محاوری:
برو برادر. اینقدر خودرا نساز. مثل شما چارصد و بیست ها اینجا بسیار اند. اگر پول داری، جنس را بخر، اگر نداری راهت را بگیر برو. بگذار ما را. آزار ما مده. ما آنقدر وقت نداریم که با تو فلسفه بگوییم. ما این قسم مفلس خوشحالها را بسیار دیده ایم.

چای سبز خوشمزه، ترتیب جملات

__۱_آب را خوب جوش بدهید
__۲_چای خشک را در چاینک بریزید
__۳_آب جوش را در چاینک بریزید.
__٤ چای را در چاینک به جوش بیاورید
__٥_بگذارید چای برای یک دقیقه دم بکشد.
__٦_چای را در پیاله ها یا ترموز بریزید.

چای سبزخوشمزه: تمرین لغات

نقل ٤، چاینک ۷، یار ٦، جوش آمد ۳، تلخ ۱، اجاق ٥، طلایی ۲

نان افغانی تمرین خواندن

۱. چسیتان را خود تان حل کنید. چار حرف دارد.
۲. بعضی وقت ها مهمان نوازی
۳. بعد از غذا
۴. روغن زرد
۵. پیاده روی و حرکت

نان افغانی: تمرین گرامر

اگر سبزیجات بخورید، چربی خون تان کم می شود.
اگر موتر تان خراب شد، بمن تیلفون کنید.
اگر گلون درد استید، نباید قهوه بنوشید.
وقتیکه باران می بارد و سرک تر است برِک گرفتن خطر دارد.
اگر تکسی پیسه زیاد خواست، باید شکایت کنید.
من ناوقت رسیدم. همه رفته بودند.
بعضی مامورین از کار کردن شرم دارند.
من در صنف نهم با بایسکل مکتب می رفتم.
تحفه دادن به یک مامورِ خوب یک رسم خوب است.
اگر ژورنالیست هامی ترسیدند، حقیقت را نمی گفتند.
هوا خوب است. بیایید که میله کنیم.

خط روان کنی: تمرین گرامر
اگه قادر جانه دیدی برش بگو که یک زنگ بزنه
بشینین همرای ما چای بخورین.
کوشش کو که برِ خود کار پیدا کنی.
حق مردمه خوردن غلط است.
اگه مه بجای تو می بودم خانه می خریدم.
همینکه کار گرفتی بما خط نوشته کو.

خط روان کنی: تمرین لغات

۱. معطل
۲. نوش جان
۳. احوال
۴. برکت
۵. مُلک
۶. حرام
۷. حلال
۸. چشم
۹. لاری
۱۰. روزی زسان

ریسیپی سمبوسه: تمرین لغات

۱. علیحده
۲. خمیر
۳. روغن
۴. تخته
۵. متوسط
۶. مرچ
۷. دستمال کاغذی

ریسیپی سمبوسه: تمرین خواندن

۱. سبزی
۲. مثلث
۳. بخاطری که روغن آن کمتر شود

خوانواده: تمرین لغات

۲. بلی
۳. نی
۴. بلی
۵. نی
۶. بلی
۷. نی
۸. بلی
۹. نی

خانواده: تمرین خواندن

۱ نادرست، ۲ نادرست، ۳ نادرست، ٤ درست، ٥ درست، ٦ نادرست، ۷ درست، ۸ درست

رمضان: تمرین گرامر

۱. اعلان می کنند
۲. می مانند
۳. می دهند
۴. می پوشند
۵. گوش می دهند
۶. می کشند
۷. می پزند
۸. تلافی می کنند
۹. می خوانند
۱۰. خود داری می کنند

در باره‌ء رنگ ها: تمرین خواندن

۱ نادرست، ۲ درست، ۳ درست، ٤ درست، ٥ نادرست،

در باره‌ء رنگ ها: تمرین لغات

۱ سفید، ۲ خواند، ۳ آبی، ٤ زرد، ٥ سبز، ٦ سرخ

میوه ها: تمرین گرامر

۱. موتر، ماشین آلات، و پطرول از خارج به افغانستان وارد می شود.
۲. بعد ازینکه چای صبح خورده شد، اطفال به مکتب رفتند و دیگران بکار.
۳. انجیر هم تازه بود و هم ارزان. از همین خاطر زود فروخته شد.
۴. رباعیات خیام به چندین زبان ترجمه شده.
۵. در جاییکه باغ های میوه بود حال متأسفانه خشخاش کشت می شود.
۶. با وجود احتیاط سه نفر ملکی کشته شدند.
۷. انار از قندهار به جاپان صادر می شود.
۸. گفته می شودکه نفوس کابل حالا به چار ملیون رسیده است .
۹. یک دزد نامدار گرفته شد ولی بزودی از زندان فرار کرد.
۱۰. برای بعضی مشاورین معاش های بلند دالری داده میشود و هیچ کس نمی پرسد که این آدم ها کار می کنند یا نه.

پرند گان: تمرین لغات
۱ آشیانه، ۲ کبوتر، ۳ حویلی، ۴ کلنگ، ۵ بودنه، ۶ باشه یا باز، ۷ پادشاه، ۸ کبک، ۹ ماکیان، ۱۰ مرغابی

پرندگان: تمرین خواندن
گنجشک ٦
قو ۷
کبوتر، کفتر ۲
باشه ٥
ماکیان ۱
کبک ٤
بُلبُل ۳

فکاهی کورس انگلیسی : تمرین خواندن
۱. درست، ۲. نادرست، ۳. نا درست، ۴. چیق، ۵. بی تفاوت

فکاهی کورس انگلیسی: تمرین گرامر، جملات با "اگر" و "ای کاش"
۱. می گرفتی/می بودی ۲. می بودم ۳. می داشت

مصالحه در رستوران: تمرین خواندن
۱. قدیر، ۲ یک خوراک، ۳ سبزیجات را ، ۴ آنان را، ۵ بقلاوه هم

مصالحه در رستوران: تمرین لغات
۱ کم چربی، ۲ بولانی، ۳ شمار، ۴ افراطی ، ۵ منصرف، ۶ سیل، ۷ پرهیز، ۸ مصالحه

چارپا یان: تمرین لغات
۱. گرگ
۲. شیر
۳. سگ
۴. خر
۵. شیر
۶. روباه
۷. کشت
۸. شاعران
۹. خر، سگ
۱۰. شتر

چار پا یان: تمرین خواندن
روباه – ۳
شغال – ۶
موش – ۷
گرگ – ۵
سگ – ۴
گاو – ۱
اسپ – ۲

فکاهی مجسمهٔ خسته: تمرین اصطلاحات
عکاس کامره را دور داد، کلی دور خورد، مادر غم خورد، سرِ مه درد گرفت، بتری کار نمی دهد ، مستری از وسایل کار می گیرد، از درد پیچ و تاب می خورد، گوشت را سرخ کرد، تبله می زد، بمن زنگ بزند

سینما یا دی وی دی: تمرین لغات

واضح ۶
توجیه کردن ۵

عقیده ۱
فرار کردن ۷
تفریح ۲
حیثیت ۳
توقف دادن ۴

سینما یا دی وی دی؟ تمرین خواندن

۱. درست، ۲ نادرست، ۳ درست، ٤ نادرست، ٥ درست، ٦ درست، ۷ درست

لغات مخالف antonyms

سوال	جواب
تماشاچی	هنر مند
می شه	حتماً
تابع	باختیار خود
فوراً	پسانتر
خوردنی	نوشیدنی
تنبل	فعال

نظر بیطرفانه به دورهء سلطنت (۱) : تمرین لغات

نا رضائیتی	خوشحال نبودن
پادشاهی	سلطنت
عسکری	نظامی
قبایل	اقوام
اغتشاش	بغاوت
تحت	زیر
نادیده گرفتن	اهمیت ندادن

لغات متضاد یا مخالف

شمال	جنوب
داخلی	خارجی
ضعیف	قوی
تبعیض	مساوات
مرکز	اطراف
بر عکس	همچنان
میلادی	شمسی، خورشیدی

سلطنت ظاهر شاه قسمت دوم: تمرین لغات
۱. تنگ نظر، ۲ اقتصاد، ۳ استخبارات، ٤ مکاتب، ٥ بیان

سلطنت ظاهر شاه قسمت دوم: تمرین خواندن:
۱ و ۲ درست، ۳، ٤، ٥، و ٦ نادرست، ۷ درست

گشایش پارلمان: تمرین خواندن:
۱. نادرست، ۲ درست، ۳ نادرست، ٤ درست، ٥ درست، ٦ نا درست، ۷ درست

تمرین لغات: جدول اول
۱. طبعاً
۲. آماده
۳. هرج و مرج
٤. شکایت
٥. اشتراک
٦. یک تعداد
۷. دراز

تمرین لغات: جدول دوم
۱. خلاف
۲. مقابله
۳. تریاک
٤. نام نوشتن

۵. انتقاد غیر مستقیم
٦. آزادی بیان
۷. پیشنهاد قانون نو

نصیحت نظامی: تمرین خواندن
۱. درست، ۲ نادرست، ۳ نادرست، ٤ درست، ۵ نادرست، ٦ درست،
۷ درست

داستانها: تمرین لغات (ممکن است چندین لغت معنی درست بدهد)
۱ شر، دیو، غول
۲ طرح
۳ بد گمان
٤ بوجود آمدن، بمیان آمدن
۵ پری
٦ جن
۷ تفصیل، جزئیات
۸ سرو کار دارد
۹ می کُشد
۱۰ ثروتمندان، پولداران

داستانها – تمرین خواندن
۱. جند و پری—۲، شوهری که به ...—۳، حماسه

فکاهی چرسی ها و عجب نیست؟: تمرین لغات
جدول اول
چرس ٦
چاشت ٤
آفتاب ۱
اشاره کردن ۲
ازدواج ۳
آب و دانه ۷
گوگرد ۵

جدول دوم
افطار ۳
میخ ۲
لحن ٥
رئیس ۷
سَیل ٦
سودا ۱
شهر و دیار ٤

محیط زیست: تمرین لغات و اصطلاحات
ترتیب ...گرفتیم
مزاحم...شدیم
مزاحمت خلق کردیم
از موسیقی حظ بردیم
منابع را ضایع کردیم، ساختیم
از احوال او خبر گرفتیم
رفیقان را آزار دادیم
نان خشک فرمایش دادیم
با یکدیگر گپ زدیم

محیط زیست: تمرین لغات (لغات مشابه)

به تمام معنی	کاملاً
مقبول	زیبا
بی اعتنایی	توجه نکردن
تهیه میکنه	درست میکنه
انسان	آدم
دستور می ته	امر می کنه
قطع می کنه رواست	می بُره اجازه است
ام دفعه	این بار

مهمان ناخوانده: تمرین گرامر

۱. می کرد
۲. می رفت
۳. گذاشته بود
۴. بفهمد
۵. کنند
۶. بگوید، کند
۷. برود
۸. رفته بود

نوشابهء نرم: تمرین لغات

شهر را ترک گفتن ٤
باز سازی کردن ٣
گویی ٦
نشه ٧
اطاعت ٥
اهانت ١
گت کردن ٢

برای هر لغت اصطلاح یا کلمهء مخالف آنرا پیدا کنید.

بذله گو ٣
به جرئت ٤
در گوش گفتن ٧
فوراً ١
در ابتدا ٢
نوشیدنی ٥
توطئه ٦

نوشابهء نرم : تمرین خواندن

۱. درست، ۲ نادرست، ۳ نا درست، ۴ درست، ۵ نادرست، ۶ درست، ۷ نادرست، ۸ نادرست، ۹ درست، ۱۰ نادرست.

صوفی و جهاد: تمرین خواندن و لغات

۱. صوفی در عقب خرگاه بر زمین افتاده بود.
۲. اسیر دست بسته گردن صوفی را می جوید.
۳. صوفی در اثر زیبایی چشم های اسیر از حال رفت.
٤. صوفی می خواست که در غزا شرکت کند و غازی شود.
٥. بنظر جنگجویان صوفی باید در آشپزخانهء خانقا جای بگیرد زیرا دل و گردهء جنگ را ندارد.
٦. برای صوفیان زیبایی چشم وسیله ای برای درک **مفهوم** زیبایی است.
٧. صوفیان جنگ با خود ونفس را از جهاد با شمشیرو تفنگ مهم تر می دانند.

تمرین صفت ها و اسم ها (تمام متن ها): جوابهای دیگر هم ممکن است.
در رستوران خانم **ثروتمند غذای بلند قیمت** برای خود فرمایش داد.
طفل **باجرئت** در **حوض عمیق** آببازی کرد.
معلم **جدی** به **شاگرد تنبل** نمرهء خراب داد.
آشپز **لایق** در **گوشت سرخ کرده** مرچ و مصالح انداخت.
روباه **چالاک مرغ خانگی** را خورد.
قاضی **با انصاف دزد مسلح** را به بیست سال حبس محکوم کرد.
پادشاه **عادل پسر** خود را جزای **شدید** داد.
مادر **مهربان** از **دختر شوخ** خود غمخواری کرد.

صفت اول 1st adj	اسم noun	صفت دوم 2nd adj
باجرئت	اسپ	سفید
ثروتمند	دزد	خانگی
بی تفاوت	دختر	تنبل
با انصاف	اسپ	عمیق
مهربان	حوض	بلند قیمت
خطرناک	مرغ	مسلح
جدی	شاگرد	سرخ کرده
لایق	غذا	شدید
چالاک	گوشت	شوخ
عادل	پسر	نالایق

Appendix A Certain Compound Verbs
Notice that compound verbs tend to be informal and colloquial. Many of them have formal equivalents that are not compound. Example: گریستن – گریان کردن

Pronunciation	English Equivalent	Source/*masdar*
Kaar kardan	to work	کار کردن
feker kardan	to think	فکر کردن
pukhta kardan	to cook	پخته کردن
sur kardan	to tune	سُر کردن
Tawajjuh kardan	to pay attention	توجه کردن
Sabz kardan	to grow	سبز کردن
Dayr kardan	to be late	دیر کردن
khabar kardan	to inform	خبر کردن
baaz kardan	to open	باز کردن
surkh kardan	to fry (lit. make red)	سرخ کردن
saber kardan	to be full, (not hungry)	سیر کردن
khanda kardan	to laugh	خنده کردن
Naaz kardan	to be coy, play hard to get	ناز کردن
sadaa kardan	to call (face to face, not by phone)	صدا کردن
geryaan kardan	to cry	گریان کردن
badal kardan, tabdil kardan	to exchange	بدل کردن
khyanat kardan	to betray, to be a traitor	خیانت کردن
e'laan k	to advertise, announce	اعلان کردن
choor kardan	to loot	چور کردن
dawr khordan	to turn	دور دادن
ferayb khordan	to be fooled	فریب خوردن
baazi khordan	to be fooled	بازی خوردن
qasam khordan	to swear	قسم خوردن
bad khordan	to be offended by something	بد خوردن (سرم بد خورد)

176

Khar khurdan	to feel uncomfortable, be sensitive (lit. eat thorn)	خار خوردن
dawr khurdan	to turn (intransitive)	دور خوردن
khataaa khordan	go loose, be off	خطا خوردن
gola khordan	to be shot; to take a bullet	گوله خوردن
hasrat khurdan	to feel envy	حسرت خوردن
gham khurdan	be sad, feel sorrow	غم خوردن
gap zadan	Talk	گپ زدن
gap zadan	to drop by	سر زدن
laaf zadan	to brag or boast	لاف زدن
churt zadan	to think, to wonder (colloquial)	چُرت زدن
rai* zadan	worry, be uptight about. often in the negative.	ری زدن (ری نزن)
yakh zadan	Freeze	یخ زدن
khur zadan	Snore	خُر زدن
dast zadan	to touch	دست زدن
saboon zadan	to use soap	صابون زدن
rabaab zadan	to play the rabaab (a string instrument)	رباب زدن
ghur zadan	to yell at someone	غُر زدن
cheshmak zadan	to wink	چشمک زدن
qadam zadan	to walk	قدم زدن
chiq zad	to scream	چیق زدن

177

Appendix B1: Some Regular Verbs

Translation	Present Root	Simple Past
rained, rains	بارد	بارید
pardoned, pardons	بخشد	بخشید
cut, cuts	بُرَد	برید
kissed	بوسد	بوسید
searched	پالد	پالید
asked	پرسد	پرسید
flew	پرد	پرید
wore	پوشد	پوشید
worked hard	تپد	تپید
burst	ترقد	ترقید
chewed	جَوَد	جوید
turned	چرخد	چرخید
grazed	چرد	چرید
tasted	چشد	چشید
sucked	چوشد	چوشید
chewed (informal)	خاید	خایید
bought	خرد	خرید
pricked (pinched)	خلد	خلید
bent	خمد	خمید
laughed	خندد	خندید
slept	خوابد	خوابید
shone	درخشد	درخشید
tore apart	درَد	درید
stole	دزدد	دزدید
ran	دوَد	دوید
arrived	رسد	رسید
gave birth to	زاید	زایید
rotted	شارد	شارید
heard	شنَود	شنید
grabbed (caught)	قپد	قپید
probed (excavated)	کاود	کاوید
pulled	کشد	کشید

tried	کوشد	کوشید
went around, became	گردد	گردید (گشت)
bit, stung	گزد	گزید
shook	لرزد	لرزید
rubbed	مالد	مالید
drank	نوشد	نوشید

APPENDEX B2 Some Irregular Verbs

Translation	Present Root	Past Tense
increased	افزاید	افزود
came	آید	آمد
threw	اندازد	انداخت
brought	آرد	آورد
lost (a game)	بازد	باخت
wove	بافد	بافت
tied	بندد	بست
was	باشد (است)	بود
cooked	پزد	پخت
accepted	پذیرد	پذیرفت
rose	خیزد	خاست (خیست)
slept	خوابد	خفت
wanted, asked	خواهد	خواست
ate	خورَد	خورد
gave	دهد	داد
had	دارد	داشت
sewed	دوزد	دوخت
saw	بیند	دید
went	رَود	رفت
spilled, poured	ریزد	ریخت
hit	زند	زد
made	سازد	ساخت
burned	سوزد	سوخت
washed	شوید	شست
broke	شکند	شکست
counted	شمارد	شمرد
recognized	شناسد	شناخت
sold	فروشد	فروخت
fooled	فریبد	فریفت
planted	کارد	کاشت
did	کند	کرد

took	گیرد	گرفت
escaped	گریزد	گریخت
wandered	گردد	گشت
said	گوید	گفت
sat	نشیند	نشست
wrote	نویسد	نوشت

181

Appendix C: Selective Glossary
This list includes most words used in the text and a limited number of
words that the author believes are essential and beyond the basic level.

water and (bird) food	آب و دانه
urban development, buildings	بادی
beer	آبجو
swim	آببازی
Juicy	آبدار
honor, prestige	آبرو
pregnant	آبستن
water fall	آبشار
rinse	آبکش کردن
lighter, diluted	آبگین
Irrigation	آبیاری
fire	آتش
Firing (of guns)	آتشباری
fireworks	آتشبازی
one (lit. person, indefinite pronoun)	آدم
call to prayer	آذان
[The priest] has called for the afternoon prayer	آذان داده پیشینه
calm, comfortable	آرام
makeup, decoration	آرایش
flour	آرد

182

belch	آروغ، آرُق
freedom	آزادی
freedom of speech	آزادی بیان
Is not disturbed	آزار نمی بینه
like (suffix)	آسا
easy	آسان
threshold	آستانه
sleeve	آستین
cook	آشپز
reconciliation	آشتی
be familiar with	آشنایی داشتن
nest	آشیانه
beginning	آغاز
to start	آغاز کنیم
arms, embrace	آغوش
calamity	آفت
well done! Also creator (suffix)	آفرین
contamination	آلایش
German	آلمانی
plum	آلو
prune	آلو بخارا
sour cherry	آلوبالو
preparation	آمادگی
that much	آنقدر

Is so tender that	آنقدر نازک است که
magnet	آهن ربا
song	آهنگ
deer	آهو
wandering, homeless	آواره
to hang	آویختن
Koranic verse	آیت
coalition	ائتلاف
to express	ابراز
silk	ابریشم
ambiguity	ابهام
unity	اتحاد
accusation, charge	اتهام
lease, contract	اجاره
stove	اجاق
socialize	اجتماعی
to avoid, to abstain from	اجتناب
ancestors	اجداد
execute, put to practice	اجراء
foreign, stranger	اجنبی
probability	احتمال
caution	احتیاط
parties	احزاب
help (in an ethical sense)	احسان

stupid	احمق
news (informal only)	احوال
allocate	اختصاص
kidnap	اختطاف
embezzlement	اختلاس
morality, ethics	اخلاق
member of Muslim Brotherhood	اخوانی
administrative	اداری
man of letters	ادیب
If you can (classical)	ارتوانی
land owner, influential person	ارباب
relation	ارتباط
will, intention	اراده
army	اردو
negative value	ارزش منفی
to send	ارسال
Judas-tree	ارغوان
There won't be any...	از ..خبری نیست
Out of the frying pan into the fire	از باران بگریز زیر ناوه بشین
among	از جملهء
fall from favor	از چشم فتادن
to faint	از حال رفتن
excessively	از حد بیشتر

185

too much	از حد زیاد
We have done this because of stinginess	از سختی ای کاره کدیم
from one's butt, invented	از شکمبه
such as	از قبیلِ
As fate would have it,	از قضا
most importantly	از همه مهمتر
therefore, so	از همی (همین) خاطر
congestion (traffic)	ازدحام
marry	ازدواج کردن
What could be better than that?	ازین چه بهتر؟
dragon	اژدها
horse	اسپ
exploitation	استثمار
exception (abstract noun)	استثنی
intelligence (adj)	استخباراتی
employment	استخدام
bone	استخوان
rest	استراحت
metaphor	استعاره
resignation	استعفی، استعفا
colonialism	استعمار
to infer	استنباط
cylinder	استوانه

use	استفاده
myth	اسطوره
documents	اسناد
diarrhea	اسهال
use	استفاده
prisoner	اسیر
to point, to give a sign	اشاره کردن
sarcastic allusion	اشارهء کنایه آمیز
occupy	اشغال کردن
have a problem	اشکال داشتن
insist	اصرار
insist	اصرار کردن
idioms	اصطلاحات
I have improved.	اصلاح شدیم (شده ام)
main, original	اصلی
to add	اضافه کردن
obey	اطاعت کردن
room	أطاق
living room	اطاق نشیمن
to feed	اعاشه
credibility, reputation	اعتبار
have an objection	اعتراض داشتن
execute, put to death	اعدام
nerves	اعصاب

[people] are irritable.	اعصاب ها خراب است
members	اعضا
members of the family	اعضای خانواده
Its members consisted of women	اعضای آنرا زنان تشکیل می دادند
declare	اعلام کردن
depths	اعماق
evil acts	اعمال زشت
uprising	اغتشاش
personal goals, motives	اغراض
scandal	افتضاح
extremist	افراطی
increase	افزایش
to add	افزودن
regret, disappointment	افسوس
expose, disclose	افشا
fast breaking time	افطار
hurt	افگار
we have thrown	افگنده ایم
rumor	افواه
relatives (formal)	اقارب
authority	اقتدار
economy	اقتصاد
at least	اقلاً

If	اگر
of course	البته
mango	آم
this time	اِم دفعه
each one of the wives in a polygamous marriage	امباق
test	امتحان
privileges	امتیازات
spelling	املاء
security	امنیت
political affairs	امور سیاسی
desires	امیال
hope	امید
pomegranate	انار
suicide (adj)	انتحاری
elections	انتخابات
appointment (of officials)	انتصاب
appointed	انتصابی
criticism	انتقاد
critical	انتقادی
transport	انتقال
perform	انجام دادن
fig	انجیر
to complete	انجام

189

monopoly	انحصار
little	اندک
ejaculation	انزال
human beings	انسان ها
I long for humans	انسانم آرزوست
schism, split, division	انشعاب
reward	انعام
flexibility	انعطاف پذیری
reflection	انعکاس
individual	انفرادی
revolution	انقلاب
to deny	انکار
development	انکشاف
development	انکشاف
handful	انگشت شمار
grape	انگور
able to work, competent	اهل کار
humiliation	اهانت
domesticated	اهلی
You boy (not considered offensive)	او بچه!
Fortget that. That's nothing.	او ره چه می کنی
Pew! Oh my!	او یی!
situations	اوضاع
Afghan (coll. Pashtun)	اوغان (افغان)

I fell	اوفتادم
the country's children	اولاد وطن
has priority	اولیت داره
well, those…	اونهاره خو
Taste this	ای ره بچش
be necessary, appropriate	ایجاب کردن
create, found	ایجاد
Ideal	ایده آل
don't be complacent	ایمن مشو
Come on!	اینه !
with sincerity	با اخلاص
goes with it	با آن می خوانند
Pious	با تقوا
In proportion to population	با تناسب بنفوس
together with food	با نان یکجا
wind; be (in subjunctive)	باد
almond	بادام
wine (classic)	باده
body (of truck)	بادی
Load	بار
gun powder	باروت
Thin	باریک
reconstruction	باز سازی
to (become) open	باز شدن

open	باز کردن
hawk	باز، باشه
reflection	بازتاب
investigate, listen to complaints	بازخواست
arm	بازو
except	باستثنای
falcon hunting	باشه شکار
null, voided	باطل
inner, opposite of apparent	باطن
cause	باعث
head gardener	باغبان باشی
remained	باقی ماند
overcoat	بالاپوش
overcoat	بالاپوش
adult	بالغ
roof top	بام
okra	بامیه
pretext, excuse	بانه (بهانه)
thus	باین ترتیب
extend it with this story	باین قصه اش دراز کنید
should....learn	بباید آموخت
Avoid	بپرهیز
idol	بت
idolater	بت پرست

give (command)	بتی (بده)
isn't but serving people	بجز خدمت خلق نیست
to dodge, avoid	بچ شدن
of course (in response to requests)	بچشم
appear, be seen	بچشم خوردن
leave alone	بحال خود گذاشتن
political discussion	بحث سیاسی
sea, ocean	بحر
crises	بحران
steam	بخار
fortune, luck	بخت
particular	بخصوص
with blessings	بخیر
miser, selfish	بخیل
one who goes back on his word	بد قول
bad mouthing	بد گویی
bad-tasting	بد مزه
useful	بدرد بخور
ugly	بدرنگ
suspicious	بد گمان
change	بدل کردن
jester	بذله گو
incite	بر انگیختن
well-known	بر سرِ زبانها

on the contrary	بـر عكس
Don't trust anyone's vows	بـر عهـد كس اعتمـاد مـنـمـاى
acquittal	بـرائـت
to make, cause	بـراه انـداختن
swelling	بـرجستگى
prominence	بـرجستگى
to pick up and put away	بـرچيـدن
encounter	بـرخورد
some	بـرخى
impression	بـرداشت
patience	بـردبـارى
slave	بـرده
be patient, tolerant	بـرده بـار مـيبـاش
snow	بـرف
a traditional game on first snowfall	بـرفـى
be blessed, last longer	بـركت داشتن
be held, take place	بـرگـزار شـدن
to be chosen	بـرگـزيـده شـدن
lamb	بـره
naked	بـرهـنه
All right. Good.	بـرو صحيـح ست
moustache	بـروت
Let's go	بـريـم (بـرويـم)
goat	بُـز

selling cloth or fabric	بزازی
coward	بزدل
great, large	بزرگ
It depends on--	بستگی به - دارد
Hurry , for it is wise to hurry	بشتاب که مصلحت شتاب است
on the condition that	بشرط آنکه
humanity	بشریت
as sheets	بشکلِ وَرَق
Is considered	بشمار می رود
including	بشمول
generally	بصورت عموم
relatively	بطور نسبی
took long	بطول انجامید
hurriedly	بعجله
afterwards, later	بعداً
some	بعضی
commit oneself to	بعهده گرفتن
far	بعید
as a gift	بقسم تحفه
baklava (a dessert)	بقلاوه
use	بکار بردن
has volunteered for	بگردن گرفته
has embraced	بگرفته در آغوش
at last	بلاخره

195

nightingale	بُلبُل
nightingale	بُلبُل
in a serious tone	بلحن جدّی
municipality	بلدیه
smooth	بلورین
Is considerably more	بمراتب بیشتر است
timely	بموقع
appears	بنظر می رسد
look	بنگرید
fundamentalist	بنیادگرا
elaborately	به آب و تاب
in disguise	به تغییر لباس
by all means, completely	به تمام معنی
boldly	به جرئت
in a way, in a sense (filler)	به حساب
under the supervision	به سر پرستی
taking turns	به نوبت
anyway	به هر صورت
spring	بهار
excuse	بهانه
It's a great idea	بهترین نظر اس
in any case	بهر حال
For your evening (meal), the cow ready	بهر شامت گاو حاضر

anyway	بهر صورت
paradise	بهشت
thus,	بهمین ترتیب
therefore	بهمین خاطر
be (only poetic)	بُوَد
quail	بودنه
sugar	بوره
kiss	بوسه
urine	بَول
a kind of appetizer	بولانی
rude	بی ادب
indifference	بی اعتنایی
shameless	بی آب
transparent, genuine	بی آلایش
inconsistent	بی ثبات
impatient	بی حوصله
unknown	بی خبر
one who has not grown beard yet (usually in sexual contexts)	بی ریش
baseless, without any reason	بی سبب
disarray, confusion	بی سر و سامانی
irregular	بی قاعده
incompetence	بی کفایتی
fully, completely	بی کم و کاست

197

one who won't pray	بی نماز
desert	بیابان
unaware	بیخبر
willow	بید
oppression	بیداد
awake, conscious	بیدار
be more awake	بیدار ترک شو
flag	بیرق
unprecedented	بیسابقه
illiterate	بیسواد
more than …	بیشتر … تا
neutral, impartial	بیطرف
innocent	بیگناه
insurance	بیمه
standing, firm	پا بر جا
leg of pants	پاچه
king	پادشاه
answer	پاسخ
to sprinkle	پاش دادن
insistence	پافشاری
chaste	پاکدامن
clean	پاکیزه
pound (unit of weight)	پاو
capital (city)	پایتخت

fall, season after summer	پاییز
tray	پتنوس
cotton	پَخته
feather	پَر
passionate	پر شور
scattered	پراگنده
scattered	پراگنده
rays	پرتو
eaves (usually loose wood covering top of the wall)	پرچال
one who overeats	پرخور
payment, past tense of پرداختن	پرداخت
to start	پرداختن
hardworking	پرکار
screen	پرده
nurse	پرستار
long-winded	پرگوی
diet	پرهیز
avoid, be on diet	پرهیز کردن
doesn’t matter	پروا نداره
fairy	پری
worried	پریشان
be able to return	پس آمده بتانیم
to praise	پسندیدن

support, backing	پشتوانه
Pashtuns' traditional way of life (honor code)	پشتونولی
cat	پشک
wool	پشم
mosquito	پشه
refugee	پناهنده
be thought	پنداشته شود
cheese	پنیر
cotton	پنبه
wrestler	پهلوان
sneer, sarcastic laugh	پوزخند
skin, fur	پوست
frank, blunt	پوست کنده
fur coat with the fur inward	پوستین
rotten	پوده
coverage	پوشش
back to back	پیاپی
onion	پیاز
cup	پیاله
cup bearer, cup lifter	پیاله وردار
leave a message	پیام گذاشتن
turn (something)	پیچاندن
complex	پیچیده

victorious	پیروز
money	پیسه
commonplace, bland	پیش پا افتاده
someone's demeanor, approach	پیشامد
advance (money)	پیشکی
occupation, trade	پیشه
to join	پیوستن
so the coin is minted correctly	تا سکه درست آید از ضرب
crown	تاج
until you find him space in your heart	تا در دل خود نیابی اش جای
history	تاریخ
historical	تاریخی
dark, op. of light	تاریک
recently, newly	تازه
refresh	تازه کردن
vine	تاک
hall	تالار
reparation, loss	تاوان
fever	تب
destruction	تباهی
to change	تبدیل کردن
acquittal	تبرئه
smile	تبسم

201

discrimination	تبعیض
propaganda, publicity	تبلیغاتی
be restless, desire	تپیدن
related to business	تجارتی
violation	تجاوز
to renew	تجدید
experiment	تجربه کردن
writing	تحریر
education	تحصیل
investigate, research	تحقیق
bear (as a burden)	تحمل
imposed	تحمیلی
changes	تحول می کند
throne	تخت
board	تخته
violating human rights	تخطی از حقوق بشر
last name, pen name	تخلص
estimated	تخمینی
Id card	تذکره
they train	تربیه می کنند
to arrange	ترتیب گرفتن
[they] prefer	ترجیح می دهند
Undoubtedly	تردیدی نیست
pickled eggplant	ترشی

progress	تــرقــی
leave	تــرک گــفتن
Composition of members	تــرکیب اعضا
addicted to opium	تــریــاکی
rosary	تــسبیح
simile	تــشبیـه
similes	تــشبیهــات
diagnosis	تــشخیص
create, establish	تــشکیـل
restroom, washroom	تــشنــاب
confirm	تــصدیــق
imagination	تــصُوُر
approve	تــصویــب
opposition, conflict	تــضاد
guarantee	تــضمیـن کردن
interpretation	تــعبیـر
were surprised	تــعجب کــردنــد
aggression	تــعرض
prejudice	تــعَصب
follow	تــعقیـب کردن
educated	تــعلیـم یــافتـه
Be assigned, defined	تــعین گــردیــدن
difference	تــفــاوت
elaboration	تــفصیـل

demand	تـقـاضا
present, offer	تـقـدیـم
distributed	تـقـسیم شده
cheating, fraud	تـقـلب
arrogance	تـکبر
A place to lean on	تـکیـه گـاه
try	تـلاش
compensate for	تـلافـی مـی کـنـند
ground mulberry	تـلـخـان
bitterness	تـلـخی
pronunciation	تـلفظ
contact	تـماس
flattery	تـملـق
finance	تـمویـل
extremist, radical	تـنـد رو
hot, spicy	تـنـد و تـیـز
(political) organizations	تـنظیم هـا
To breath	تـنفس کـردن
has limited the space	تـنگ ساخـتـه
narrow-minded	تـنگ نـظر
threaten	تهدیـد
prepare	تهیـه
prepares	تهیـه مـیکنـه
Since you were so kind, honorable	تـو کـه اقـدر شرافـت کـدی

204

May you get lost	تو گم شوی!
balance	توازن
agreement	توافق
repenting	توبه
cannon, ball	توپ
mulberry	توت
explanation	توضیح
conspiracy	توطئه
by weight	تولَکی
they prepare	تیاری می گیرند
We will give a big tip	تیپ زیاد میتیم
pass	تیر (tayr)
arrow	تیر (teer)
pass (time)	تیر می کند
strong	تیره
sharp, harsh	تیز
acid	تیزاب
dagger	تیغ
stable, proven	ثابت
second	ثانیه
proof	ثبوت
wealth	ثروت
sets fruit, bears fruit	ثمر می دهد
reward for good deeds	ثواب

the second month of the year	ثور
place, put away	جابجا کردن
magic	جادو
broom	جارو
current	جاری
spy	جاسوس
prayer rug	جانماز
ignorant	جاهل
eternal	جاودانه
effort	جدّ و جهد
Seriously?	جدّی؟
attractive	جذّاب
to be absorbed	جذب شدن
part (as opposed to whole)	جزء
details	جزئیات
island	جزیره
search	جستجو
searching it	جستن آن
Major (military rank)	**جگړن**
shine	جلایش
skin, also volume (of books)	جُلد
A kind of dessert	جلیبی
beauty (usually spiritual beauty)	جمال
gather	جمع می کنند

all, also sentence	جُمله
genie, demon	جن (جند)
funeral	جنازه
crime	جنایت
side	جانب
aspect	جنبه
genie, demon	جند
to make something fight	جنگ دادن
war lord	جنگ سالار
warlike	جنگجو
Sanctuary for the world	جهان پناه
world-wide	جهان شمول، جهانی
hell	جهنم
generous, magnanimous	جوانمرد
does not get along	جور نمی آید
third month of the solar year	جوزا
to boil	جوش آمدن
pocket	جیب
fast	چابک
scarf, headdress	چادر
beasts	چارپایان
walnut	چارمغز
to be lucky	چانس آوردن
tea without sugar	چای تلخ

207

teapot	چاینک
lamp	چراغ
greasy	چرب
greasy	چرب
fat (in meat)	چربو
be higher or stronger	چربی کردن
hashish addict	چرسی
leather	چرم
graze	چریدن
to stick to	چسپیدن
to overlook	چشم پوشی کردن
watching (women), looking	چشم چرانی
not greedy	چشم سیر
turned his eyes	چشم گردانید
wink	چشمک
You got so serious!	چقه جدی شدی
clapping	چک چک
hammer	چکش
clever, tricky	چَل باز
water pipe, hookah or shisha as known in other cultures	چلم
white rice cooked with oil	چلو
how many, a few	چند
A few pieces at a time	چند چند دانه

that much	چندان
What is your plan?	چه پلان داری؟
let alone, much less	چه رسد به
What kind of a place	چه قسم جای
feature, figure	چهره
like	چو
like, as, when, because (formal)	چون
for it was horrific	چون پر هول بود
riddle	چیستان
Is screaming	چیق می زند
china (cups, bowls, etc.)	چینی
one who has performed pilgrimage	حاجی
margin	حاشیه
quick witted, good at repartee	حاضر جواب
attendance (take attendance)	حاضری
15th Century poet	حافظ
now	حاله (حالا)
pregnant	حامله
protectors	حامیان
prison	حبس
veil	حِجاب
minimum	حدِ اقل
heat	حرارت
heat	حرارت

forbidden (e.g. dog's meat)	حرام
battle, war	حرب
word, talk	حرف
rival, friend, partner, guy	حریف
account	حساب
jealousy	حسادت
a title enjoyed by some religious persons	حضرت
The Fourth Caliph	حضرتِ علی
Their presence	حضور شان
take pleasure, enjoy	حظ بردن
keeping	حفظ
right	حق
right, God	حق
honorarium, money earned for work	حق الزحمه
judgment	حُکم
referee	حَکَم
rulers	حکمروایان
throat (Arabic)	حلق
an obedient slave	حلقه به گوش
a traditional dessert made of flour, oil and sugar	حلوا
Turkish bath	حمام
suicide attacks	حملات انتحاری
henna	حنا (محاوره: خینه)

nymph, Houri	حور
swimming pool	حوض آببازی
courtyard	حویلی
modesty	حیا
immortality	حیات جاودانه
animal	حیوان
thorn	خار
thorn	خار
stopped worrying	خاطرش جمع شد
for	خاطرِ
A memory	خاطره ای
smells of dirt	خاک بوی می دهد
ashes	خاکستر
gray	خاکی
pure, genuine	خالص
empty	خالی
quiet	خاموش
gathering place for Sufis or dervishes	خانقا
extended family	خانوادهء گسترده
traitor	خاین
ending, a complete recital of the holy Koran	ختم (ختم قرآن)
circumcision	ختنه (ختنه سوری، محاوره: شُنت)
God be your protector	خدا پشت و پناهت!

military service	خدمت عسکری
donkey	خر
ruin, not good	خراب
superstition	خرافات
melon, cantaloupe	خربوزه
crab	خرچنگ
A type of tent	خرگاه
dates	خُرما
harvest	خرمن
unit of weight (a donkey carries)	خروار
brick	خشت
In the form of bricks	خشت خشت
drought	خشک سالی
to (get) dry	خشک شدن
Is dried	خشک کردن
anger	خشم
harsh	خشن
specialty	خصوصیت
ruler	خط کش
risk of death	خطر جانی
I had finished	خلاص کده بودم
temperament, disposition	خُلق
creation	خِلقت
gulf	خلیج

master in a trade or art	خلیفه
Khalili	خلیلی
dough	خمیر
make the dough	خمیر کردن
become accustomed	خو گرفتن
god sister, close female friend	خواهر خوانده
please, don't mention it	خواهش می کنم
goes with, is harmonious	خوب میگه (می گوید)
themselves	خود
Qalandar himself	خودِ قلندر
on your own	خود سرانه
autonomy	خودمختاری
one order of kabob	خوراك
retailer	خورده فروش
good natured, pleasant	خوش خلق
like	خوش داشتن
fortunately	خوشبختانه
fortune, happiness	خوشبختی
cool, not likely to lose his temper	خون سرد
quick to act, rash	خون گرم
self, also relative by marriage	خویش
in-law, relatives by marriage	خویشانوند (محاوره: خویش)
tailor	خیاط
imagination, fantasy	خیال

Omar Khayyam	خیّام
betrayal, treachery	خیانت
news	خیر
stared	خیره شد
Is everything ok?	خیریت است؟
jumping around	خیز و جست زدن
giving, generosity	داد و دهش
mad house	دار المجانین
teacher training institute	دار المعلمین
I am fainting (Iranian Farsi)	دارم غش می کنم
sickle	داس
story	داستان
oven, also range	داش
scar	داغ
our scar	داغ ما
hall way	دالان
one who lays a snare	دام شان
son-in-law	داماد
spread, expand	دامنه پیدا کردن
volunteer	داوطلب
faced (often with a problem)	دچار
anything one smokes	دخانیات
at the beginning	در ابتدا
while, during	در اثنای

brings to mind	در اذهان زنده شدن
come up with an outlandish excuse	در بیل ماست مایه کردن
in direction of	در جهتِ
exploding, waiting to explode	در حالِ انفجار
swimming	در حال آببازی
disappearing	در حال محو شدن
while	در حالیکه
approximately	در حُدود
serving human beings	در خدمت انسانها
In absence of parties	در خلای احزاب
cross one's mind	در ذهن خطور کردن
in the country and kingdom's prosperity	در رونق مُلک و پادشاهی
during the prime ministership of	در زمان صدارتِ
during, within	در ظرفِ
otherwise, else	در غیرِ آن
to go deep into thinking	در فکر فرو رفتن
whisper	در گوش گفتن
as a whole	در مجموع
in entirety, whole	دربست
degree	درجه
request, application	درخواستی
crisp, rough	دُرُشت
lie (untruth)	دروغ

215

inner	درونی
dervish	درویش
river	دریا
thief	دزد
nervous, hasty	دست پاچه
help out	دست پیشی
help out	دست پیشی
evidence, excuse	دستاویز
organization, plant	دستگاه
silk muffler, handkerchief	دستمال ابریشم
napkin, paper towel	دستمال کاغذی
orders, commands	دستور می ته
conspiracy	دسیسه
when the enemy asked for mercy	دشمن که به عذر شد زبانش
defense	دفاعیه
government offices	دفتر های دولتی
precision, care	دِقّت
exact	دقیق
button	دُکمه
colonel	دگروال
heart	دل
courage	دل و گرده
half-hearted	دل و نادل
broker	دلال

desired	دلخواه
woolen garment of Sufis	دلق
reason, poetic: guide	دلیل
May good come across you	دم راهت خوبی!
to brew (intransitive verb)	دم کشیدن
animal fat	دُمبه
fits him/her, goes with him/her	ده جانش می شینه
is in our nature	ده فطرت ماست
villages	دهات
decade	دهه
radical, uncompromising	دو آتشه
two- or three-year old	دو سه ساله
smoke	دود
reluctant, ambivalent	دودل
far	دوردست
remove	دور کردن
all around	دَور و پیش
period, era	دوره
lovely, favorite	دوست داشتنی
file (also a criminal record)	دوسیه
maiden, miss	دوشیزه
sour milk	دوغ
yesterday, last night	دی
visit, meeting	دیدار

late	دیر
giant, monster	دیو
monsters and animals	دیو و دد
crazy, insane	دیوانه
inherent, in itself	ذاتی
resources	ذخایر
male (plural Arabic)	ذکور
intelligent	ذکی
attitude	ذهنیت
taste (preference)	ذوق
secret	راز
direction, path	راستا
firm	راسخ
We have a solution	راه حل داریم
vote of confidence	رای اعتماد
don't ignore others' opinions	رای دگران ز دست مگذار
A male name	رجب
pity, compassion	رَحم
uterus	رِحم (rihm)
cheeks	رخسار
list	ردیف
the media	رسانه ها
A legendary wrestler (*Shahnama*)	رُستم
official, formal	رسمی

to disgrace someone	رسوا ساختن
scandal	رسوایی
taking care of a complaint	رسیدگی
bribe	رشوت
was beside myself	رفتم از خود
to be going	رفتنی شدن
rivalries	رقابت ها
thin	رقیق
the fasting month	رمضان
guide, lead	رهنمایی کردن
should be ok, acceptable	روا باشه
relations	روابط
be common, be customary	رواج داشتن
psychological	روانی
spiritual (usually a person)	روحانی
spirit	روحیه
intestine	روده
rainy day; lit. the should-not-come	روز مبادا
Time, World	روزگار
daily	روزمره
newspaper	روزنامه
provider (said of God)	روزی رسان
intellectual	روشنفکری
light	روشنی

cooking oil	روغن
oil from butter, ghee	روغنِ زرد
olive oil	روغن زیتون
process, trend	رَوند
towel	روی پاک
shamed (adj)	روی سیاه
to cover one's face (from men)	روی گرفتن
fantasy	رویا
event	رویداد
hypocrisy	ریا
mathematics	ریاضی
cold (disease)	ریزش
root	ریشه
from (poetic use)	زِ
don't turn him away at the door	زِ در مرانش
knee	زانو
linguistics	زبان شناسی
colloquial language	زبان عامیانه
conflict, usually violent	زد و خورد
he/she looks yellow	زرد می زند
carrot	زردک
jaundice	زردی
cunning	زرنگ
[my] lover's hair	زلف یار

time	زمانه
winter	زمستان
It became possible or feasible	زمینه ء آن فراهم شد
chin	زنخ
lump of dough	زُواله
those with power	زورمندان
won't harm,	زیان ندارد
be over someone	زیر گرفتن
because	زیرا
pellet	ساچمه
forged, not genuine	ساختگی
contagious	ساری
musician, maker	سازنده
fun, pastime	ساعت تیری
quiet	ساکت
years and years	سالهای سال
lobby, reception hall	سالون پذیرایی
censor	سانسور
shade	سایه
basket	سبد
grass	سبزه
of darker complexion	سبزه
spinach	سبزی پالک
vegetables	سبزیجات

with darker complexion	سبزینه
lesson (traditional)	سبق
gratitude	سپاس
soldier	سپاهی
afterwards, later	سپس
keeping women covered, veiled	ستر
oppression	ستم
prayer rug	سجّاده
magic (pron as sehr)	سِحر
pre-dawn breakfast	سحری
generosity	سخاوت
tough, not spoiled	سخت سر
speech	سخنرانی
on top of the load	سرِ بار
over twenty dollars	سرِ بیست دالر
when full	سرِ سیری
early evening	سرِ شب
uphill	سربالایی
annihilated	سر به نیست
confusion	سردرگمی
drink up	سر کشیدن
deals with	سر و کار دارد
relate to, deal with	سر و کار داشتن
mirage	سراب

lead (metal)	سُرب
Interim supervisor	سرپرست
lid, cap	سرپوش
national, in entirety	سرتاسری
border	سرحد
to be fried	سرخ شدن
fried	سرخ کده (سرخ کرده)
to fry	سرخ کردن
tobacco holder	سرخانه
cancer, the fourth month	سرطان
speed	سرعت
cough	سرفه (محاوره: شُلفه)
theft	سرقت
vinegar	سِرکه
be suppressed	سرکوب شدن
experience	سرگذشت
dung	سرگین
I am about to faint	سرم ضعف میایه
capital (money)	سرمایه
kohl	سُرمه
dark blue	سرمه ای
A kind of folk wind instrument	سُرنا (سر نی)
noise	سرو صدا
happiness	سرور

deserving	سزاوار
serves you well	سزایت بتر
loose, soft	سُست
to reach sexual climax surface	سست شدن
surface, level	سطح
Sa'di, a poet famous for his ethical writings	سعدی
embassy	سفارت
Socrates	سُقراط
ceiling	سقف
fall	سقوط
stoppage, pause	سکته
cardiac arrest	سکته قلبی
coin	سِکّه
you were silent	سکوت کدی
dog	سگ
warlike, brave	سَلحشور
Chain of phases	سلسله ٔ مراحل
slap	سلی (محاوره: شپات)
taste, organization	سلیقه
mushroom	سمارُق
A kind of dumpling	سمبوسه
direction (north, etc.), region	سمت
position (in the government)	سِمت

Senate	سنا
tradition	سُنت
stone	سنگ
stoning to death	سنگسار
heavy, dignified	سنگین
Rostam's son	سهراب
Participation	سهمگیری
Allotment, portion	سهمیه
mistake	سهو
stick (informal)	سوته
profit, benefit	سود
shopping	سَودا
flavored carbonated water	سودا واتر
hole	سوراخ
verse in the Koran	سوره
gonorrhea	سوزاك
burning (pain)	سوزش
needle	سوزن
swearing	سوگند
level	سویه
apple	سیب
garlic	سیر (seer)
mercury	سیماب
silver-like	سیمین

chest, breast	سینه
It is evening, all right	شامه خو شام اس
shoulder	شانه
comb	شانه
wedding night	شب زفاف
reception	شب نشینی
rush	شتافتن
camel	شُتر
brave	شجاع
I lost consciousness	شد هوشم ز تن
evil	شرّ
condition	شرط
jointly, sharing	شریکی
jackal	شغال
hunt	شکار
shape	شکل
When you came	شما که آمدین
A number, some	شماری
sword	شمشیر
don't draw sword	شمشیر مکش
hear	شنیدن
prince	شهزاده
lust	شهوت
with flirtatious eyes	شوخ چشم

humorous	شوخ مشرب
playfulness, humor	شوخی
kidding aside	شوخی بر طرف
to move, to shake	شور دادن
Provincial Councils	شورا های ولایتی
liked to hunt	شوق
wise man	شیخ
lion	شیر (shayr)
milk	شیر (shir)
rice pudding	شیر برنج
sweets	شیرینی
glass (adj)	شیشه ای
probably a place name	شینه
The manner of election	شیوه ٔ انتخاب
encounter	برخورد
soap	صابون
honest	صادق
clear	صاف
drained	صاف کرده
righteous	صالح
when you wake up in the morning,	صبح
dawn broke	صبح دمید
patience	صبر
book binding	صحافی

healthy	صحی
hundred thousand	صد هزار
preparation, be about to	صدد
harm, damage	صدمه
frankness, clarity of speech	صراحت
exchange dealer	صراف
to be spent, used	صرف شدن
thrift	صرفه
row (of people)	صف
Northern plains	صفحات شمال
is to your state's benefit	صلاح دولت تست
cross	صلیب
sincerely	صمیمانه
industry	صنایع
Box, ballot box	صندوق
class	صنف
take place, happen	صورت گرفتن
sergeant (traditional term)	ضابط
guarantor, bondsman	ضامن
wasted	ضایع
waste	ضایع کردن
weak	ضعیف
odd (not even), shelf	طاق
bear (pain, etc.)	طاقت

seeker (of theological knowledge)	طـالـب
classes	طـبـقـات
physician	طـبـيـب
nature	طـبـيـعت
draft	طـرح
advocate	طـرفـدار
strange	طـرفـه
the way, the Sufi way	طـريـقـت
taste	طـعـم
taunt	طـعـنـه
divorce	طلاق
gold color, golden	طـلايـى
inflated language, rhetoric	طـمطـراق
rope	طـنـاب
parrot	طـوطـى
took long	طـول كـشيـد
long	طـولانـى
airplane	طـيـاره
becomes oppressor	ظـالم مـى شـه
sense of humor, elegance	ظـرافـت
pot	ظـرف
dish washing	ظـرف شـويـى
capacity	ظـرفـيـت
Income	عـائـد

accidental	عارضی
without	عاری
lover	عاشق
madly in love	عاشق زار
consequence	عاقبت
factor	عامل
A place near Bagram	عبدالله برج
Wonderful!	عجب کاری شد
Strange!	عجب!
hurry	عجله
judge	عدالت
social justice	عدالت اجتماعی
A number, some	عِدّه ای
enemy	عدو
imploring, excuse	عُذر
arena, field	عرصه
offer, supply	عرضه کردن
knowledge, mysticism	عرفان
sweat	عرق
bride, daughter-in-law	عروس
honey	عسل
love (sexual love)	عشق
making love	عشق بازی
coquettishness, playing hard-to-get	عشوه

angry	عصبانی
rebellion	عصیان
muscle	عضله
perfume	عطر
great	عظیم
eagle	عقاب، شاهین
cure	علاج
separate	علیحده (´alaaheda)
grass	علف
openly declared	علنی
immediately	علی الحساب
in spite of	علی الرغم
against	علیه
building	عمارت
most important	عمده ترین
wholesale	عمده فروشی
crew	عمله
aunt (father's sister)	عمه
perpendicular	عمود
deep	عمیق
don't loosen reigns	عنان مکن سست
element	عنصر
tradition, custom	عنعنه
commitment, vow	عهد

231

return	عودت
assistance	عون
defect, something shameful	عیب
whether it will be the Eid or not	عید می شود یا نه
cash given to children on Eid day	عیدی
same	عین
eyeglasses	عینک
robbery, pillage	غارت
warrior	غازی
winner, victorious	غالب
dust	غبار
eloquent	غرّا
selfish motive	غرض
kill by hanging	غرغره
[you] would not have drowned	غرق نمی شدی
work, livelihood	غریبی
instinct	غریزه
holy war (different from غذا food)	غزا
deer, gazelle	غِزال
A form of poetry like sonnet	غزل
negligence	غفلت
slave	غلام
tell tale	غمّاز
spoils	غنیمت

investigate, look into	غور کردن
green, unripe fruit, esp. apricot	غوره
the unknown	غیب
fortune telling, foretell	غیب گویی
gossip, talk behind someone's back	غیبت
honor, courage	غیرت
factory	فابریکه
memorial for the dead	فاتحه
calamity	فاجعه
prostitute	فاحشه
brothel	فاحشه خانه
corrupt	فاسد
distance	فاصله
subject	فاعل
fortune teller	فال بین
evil, cunning	فتنه
one who sacrifices	فداکار
broad, wide	فراخ
escape	فرار
exile	فراری
separation (from a lover)	فراق
fat	فربه
paradise	فردوس
individual	فردی

son or daughter	فرزند
rotten	فرسوده
carpeting	فرش
chance, opportunity	فرصت
Pharaoh, ruler of ancient Egypt	فرعون
secondary	فرعی
difference	فرق
scalp	فرقِ سر
order, request	فرمایش
order	فرمایش دادن
A popular dessert	فِرنی
humble	فروتن
lucky, fortunate; male name	فریدون
corruption	فساد ادرای
pressure	فشار
direct pressure	فشارِ مستقیم
to press	فشار دادن
eloquence	فصاحت
has a nice atmosphere	فضایش جالب است
frivolous, rude	فضول
unleavened dough	فطیر
active	فعّال
verb	فعل
current	فعلی

فلانی	so and so
فِلز	metal
فلک بُعدی	with cosmic dimensions
فنّ	skill
فنر	spring
فوراً	immediately
فوق العاده	extra-ordinary
فولاد	steel
فیصدی	percentage
قلب	heart
قابله	midwife
قات کردن	to fold
قاتل	murderer
قاچاق	smuggle
قادر شو	become powerful
قاشق شورباخوری	table spoon
قاعده	rule, base
قافله	caravan
قافیه	rhyme
قاق	dry, thin
قالب	frame, matrix
قالین	rug, carpet
قامت	stature
قاموس	dictionary (mostly Pashto)

law	قانون
Constitution	قانون اساسی
deed, proof of ownership	قباله
grave	قبر
ribs	قبُرغه
constipation	قبض
pre-historic	قبل التاریخ
food taken with bread	قتق، قتغ
famine	قحطی
to appreciate someone	قدر کسی را دانستن
power	قدرت
ancient	قدیم
contract	قرار داد
debt	قرض
lot	قُرعه
installment	قِسط
swear	قسَم
butcher	قصّاب
execution (by slaying)	قصاص
intention	قصد
story	قصه
being neglected	قصهٔ کسی مفت بودن
row	قطار
pole	قطب

drop (of liquid)	قطره
medicine dropper	قطره چکان
to cut	قطع کردن
pieces	قطعه قطعه
box	قُطی
palm of hand	قف دست
crooked, untruthful	قلب
compound	قلعه
hermit	قلندر
sugar cube	قند
anger, violence	قهر
characters	قهرمانان
swan	قُو
stew (gourmet?)	قورمه
tribes and nations	قوم ها و ملتها
vomit	قَی
uprising	قیام
cream	قیماق
tea prepared with milk and cream	قیماق چای
expensive, price	قیمت
to turn out to be expensive	قیمت تمام شدن
clerk, scribe	کاتب
palace	کاخ
liar, false	کاذب

237

homework	کار خانگی
how (it) works (with stress on کرد)	کار کرد
use	کار گرفتن
use (noun)	کاربرد
knife	کارد
competence	کاردانی
boss, supervisor	کارفرما
the way [it] works	کارکرد
strong, decisive	کاری
water stream (from wells)	کاریز
for I am tired of monsters and beasts	کاز دیو و دد ملولم
one who counts calories	کالوری شمار
palate	کام
lettuce	کاهو
not sturdy, loosely built	کاواک
vanity	کبر
partridge	کبک
pigeon	کبوتر
taunt (indirectly expressed)	کتره
has made dirty	کثیف ساخته
potato	کچالو
has no border	کران ندارد
rent	کرایه

field (in farming)	کُرد
Chair, seat	کُرسی
grasp	کَسب
occupation, trade	کِسب
is planted	کِشت می شود
raison	کشمش
country	کشور
the king's land	کشور شه
priest	کشیش
palm of hand	کف دست
skimmer, a kitchen utensil with holes	کفگیر
shroud	کَفَن
cookie	کُلچه
crane	کُلنگ
stubborn, pig-headed	کله خر
stubborn, uncompromising	کله شق (کله شخ)
low fat	کم چربی
anemic	کم خون
less, fewer	کمتر
cliffs	کمرِ کوه
thin (thin waist)	کمر باریک
A little, somewhat	کمی
rare	کمیاب

quantity	کمیّت
staying away, keeping away	کناره جویی
hint, suggestion, allusion	کنایه
sesame	کُنجد
mountains	کهسار
to pound, to grind	کوبیدن
small	کوچک
alley, street	کوچه
blindly	کورکورانه
one who has very little beard	کوسه
ground (meat), meat ball	کوفته ، کوبیده
being high, enjoyment	کیف
without pastry	کیک و کلچه
banana	کیله
waiter	گارسون
step	گام
sometimes	گاهگاه
buffalo	گاومیش
mix (coll.)	گت کردن
respectable	گرامی
whirlpool	گرداب
walk (promenade)	گردش
neck	گردن
hunger	گرسنگی

occupied, in love, imprisoned	گرفتار
wolf	گرگ
knot	گِره
group	گروه
collar	گریبان
A measure of length (ab. 1 meter)	گز
report	گُزارش
rude	گستاخ
opening	گشایش
hungry	گُشنه ، گُرسنه
I thought, lit. I said	گفتم
cauliflower	گل پی
stalactite	گلفهشنگ
A mild complaint	گِله
herd	گَله
to have a complaint	گله داشتن
bullet	گلوله
A rugged, rough carpet	گلیم
The Parliament was closed	گلیم پارلمان برچیده شد
Sin, also fault	گناه
to stuff, to place	گنجانیدن
sparrow	گُنجشک
wheat	گندم
grave	گور

241

fart	گوز
elk, deer	گَوزن
sheep	گوسفند
for your snack later on, the sheep	گوسفندت در پسین
be all ears	گوش بآواز بودن
meat	گوشت
meat is not good	گوشت خوب نمی باشه
dried lamb	گوشتِ قاق، لاندي
mild punishment (slap on the wrist)	گوشمالی
earring	گوشواره
matches	گوگرد
People say	گویند کسان
As if	گویی
weed	گیاه
cherry	گیلاس
Arabic for "no"	لا
in between, layer	لا
lapis lazuli	لاجورد
lorry, truck	لاری
necessary	لازم
corpse	لاش
thin (person or animal)	لاغر
boast	لاف
tulip	لاله

A title for Hindus	لاله
nest	لانه
along the stream's banks	لب لب نار (نهر)
wedding gown	لباس عروسی
dairy	لبنیات
spite	لج
for the sake of (e.g. for God's sake)	لحاظ
give someone a break	لحاظ کردن
enjoyment	لذت
enjoyable	لذت بخش
army (in a traditional sense)	لشکر
smooth, slick	لشم
delicate	لطیف
abolish	لغو
word	لفظ
loose, not tight	لق
title, nickname	لقب
morsel, bite	لقمه
spot (e.g. on clothes)	لکه
A large pan, basin	لگن
lame	لنگ
towel, cloth wrapped around body	لُنگ
turban	لنگی
dialect, accent	لهجه

243

therefore	لهذا (lehaazaa)
cylinder shaped	لوله
college graduate	لیسانسه
name, famous folk tale hero	لیلی
dormitory	لیلیه
lemon, lime	لیمو
historian	مُؤرخ
organization	مؤسِسه
in charge, from وظیفه	مؤظف
temporary	مُؤقت
feminine	مُؤنث
source, reference	ماءخذ
stunned	مات و مبهوت
mourning	ماتم
event, adventure	ماجرا
article (of the constitution)	مادّه
material	مادّه
female	ماده
snake	مار
cover up	ماست مالی
hen	ماکیان
oranges	مالته
revenue, tax	مالیه
I like ..too	مام خوش دارم

remained	مـانـد
moon, month	مـاه ، مـه
liquid	مـایـع
struggle	مـبـارزه
blessed, congratulation!	مـبـارک
innovator	مُـبـتـکـر
married	muta'ahel مـتـاهل
unfortunately	(muta asefaana) مـتـاسفـانـه
united	مـتـحد
specialist	مـتـخصص
progressive	مُترقـی
afterwards	مـتعـاقـبـاً
prejudiced	مـتـعصب
miscellaneous	مـتفـرقـه
pious	مـتّقـی
Influential people	مـتـنفـذیـن
Those accused of	مُـتـهـمـیـن
balanced	مُـتـوازن
parallel	مـوازی
medium	مـتـوسط
exception (adj)	مـثـتـثـنـی
metaphorical, allowed	مجـاز
obliged, having no choice	مجـبـور
obligation	مجـبـوریـت

life of the party	مجلس آرا
luxurious	مجلل
unknown, passive voice (grammar)	مجهول
conservative	محافظه کار
conversation	محاوره
needy	محتاج
full moon	مهتابی
content	محتوی
shy	محجوب
typhoid	محرقه
secretly	محرمانه
court	محکمه
condemn	محکوم کردن
place	محل
environment	محیط زیست
brief	مختصر
mix, mixture	مخلوط
keep in mind	مدِ نظر گرفتن
intervention	مداخله
religious school	مدرسه
religious teachers	مُدرسین
As long as	مُدعا
those (who were) invited	مدعوئین
religion	مذهب

looked like an army to me	مرا لشکر نمود
refer	مراجعه
jar	مرتبان
reactionary	مرتجع
red pepper	مُرچِ سرخ
stage, phase	مرحله
God bless his soul (late)	مرحوم
kill (derogative)	مردار کردن
manly, for men (in dresses)	مردانه
man, guy (informal)	مردکه
pimp	مرده گاو، مرده گو
territory, border	مرز
duck	مرغابی
donkey (euphemism)	مرکب
central	مرکزی
marble	مرمر
mysterious	مرموز
bullet	مرمی
salve	مرهم
joke	مزاح (محاوره: مزاق)
To disturb	مزاحم شدن
I was joking	مزاق کدم
one who jokes	مزاقی
superstitious, ridiculous	مزخرف

tasty	مزه دار
eyelashes	مژگان
copper	مس
competition	مسابقه
To prepare	مساعد ساختن
away from home	مسافر
distance	مسافه
peaceful	مسالمت آمیز
equality	مساوات
despotic	مُستبد
Independent	مستقل
straight, direct	مستقیم
accountant (traditional word)	مستوفی
mosque	مسجد
shelter	مسکن
pain medicine (tranquilizer)	مُسکّن
butter	مسکه
undoubtedly	مسَلماً
To be poisoned	مسموم شدن
Jesus	مسیح
Christianity	مسیحیت
poetry reading	مشاعره
observation	مشاهده
consultant	مشاور

fist, (used also as an indefinite amount: یک مشت)	مُشت
enthusiastic	مشتاق
common, shared	مشترك
customer (also Jupiter)	مشتری
specific, concrete	مشخص
style of life, often used as suffix	مشرب
drink	مشروب
detailed	مشروح
constitutional monarchy	مشروطه
legal	مشروع
busy	مشغول
practice (orig. for calligraphy)	مشق
skin (used for carrying water)	مَشك
musk	مُشك
fastidious, hard to please	مشکل پسند
don't count	مشمار
interview	مصاحبه
spices; also plastic	مصالح
reconciliation	مصالحه
source (of verbs)	مصدر
Egypt	مصر
consumer (adj)	مصرفی
busy	مصروف

illustrated	مصوَر
calamity	مصیبت
subjects, themes	مضامین
harmful	مُضر
subject	مضمون
according	مطابق
study, read	مطالعه
press	مطبوعات
puts forth, poses	مطرح می سازد
informed	مَطلع
absolute	مُطلق
sure, confident	مطمئن
demonstrator	مظاهره کننده
oppressed	مظلوم
suspect	مظنون
expression (of something)	مظهر
education	معارف
salary	معاش
companions,	معاشران
associate with people	معاشرت
love, flirting	معاشقه
exempt	معاف
immunity	معافیت
cure	معالجه

deal	معامله
treaty, agreement	معاهده
observation	معاینه
examination (medical)	معاینه
addict	معتاد
mild, moderate	معتدل
miracle	معجزه
mine	معدن
I apologize	معذرت می خواهم
introduction (of a person)	معرفی
battle	معرکه
mistress, lover	معشوقه
innocent	معصوم
nice smelling, perfumed	مُعطر
has been delayed	معطل شده
wait	معطل کو
reasonable	معقول
teacher	معلم
obvious	معلوم، معلومدار
building engineer (old term)	معمار
usually	معمولاً
ordinary	معمولی
spiritual, not-material	معنوی
standard, criteria	معیار

criteria	معیار ها
deputy minister	معین
beautiful	مغبول
brain, marrow	مغز
forgiveness (by God)	مغفرت
defeated	مغلوب
free of charge	مفت
consultant in religious matters	مفتی
candy-like stuff containing hashish	مُفرَّح
joint	مَفصل
detailed	مُفصّل (mufassal)
object, euphemism for queer	مفعول
concept	مفهوم
useful	مُفید
confrontation	مقابله
confront	مقابله کردن
article	مقاله
position (in government)	مقام
authorities	مقامات
high ranking officials	مقاماتِ بلند رتبه
resistance	مقاومت
contrast, comparison	مقایسه
victim of murder	مقتول
amount	مقدار

sacred	مُقدس
introduction (of writing)	مقدمه
influential, close to the authorities	مقرب (muqarrab)
regulations	مقررات
as long as, purpose	مقصد
at fault	مُقصر
schools	مکاتب
dialogue	مکالمه
but, except	مگر
to turn over	ملاق خوردن
soften my heart	ملایم کو دل مه
others' country	مُلکِ مردم
O, King!	ملکا
United Nations	ملل متحد
radish	مُلی
resources	منابع
regions	مناطق (منطقه)
cold regions	مناطق سرد سیر
altar (where the mullah sits)	منبر
except, but	منتهی
make someone give up	منصرف ساختن
I'll change my mind (and give it up)	منصرف می شم
What I mean is that	منظورم ایس که
profiteering, selfish	منفعت جو

dull minded, confused	منگ
enlightened, broad-minded	مُنوَر
I didn't say (When did I say?)	مه کَی گفتم
immigration	مهاجرت
skill, merit	مهارت
love, kindness; also sun	مِهر
seal	مُهر
kind	مهربان
hospitality	مهمان نوازی
architect	مُهندس
facing	مواجه
cases	موارد
alert, paying attention, guarding	مُواظب
agreement	موافقه
drives (a truck)	موتروانی می کند
wave	موج
mouse	موش
change the subject	موضوع را تغییر دادن
take advantage of the moment	موقع را غنیمت شمردن
situation	موقعیت
radical position	موقف رادیکال
suspended (often equiv. to fired)	موقوف
Rumi, the Sufi poet	مولانا
theologian, religious scholar	مولانا

theologian, religious scholar	مـولـوی
wax	مـوم
even a little (as a hair string)	مـویـی
they shake	مـی تـکـانـنـد
he chews, is chewing	مـی جَود
Grow	مـی رویـنـد
they grind	مـی کـوبـنـد
was passing	مـی گـذشت
[They] placed, put	مـی گـنجـانـیـدنـد
drink wine	مَی مـی خـور
wine-drinking	مـی نـوش
can't say (classical)	مـی نـیـارم گـفـت
middle, inside	مـیـان
moderate, not extreme	مـیـانـه رو
to nail	مـیـخ کـردن
field	مَـیـدان
battle field	مـیـدان جـنگ
ground	مـیـده شـده
diced, chopped	مـیـده شـده
tenth month	مـیـزان
host	مـیـزبـان
be available	مـیـسر بـودن
desire, interest	مَـیـل
pertaining to birth (Western	مـیـلادی

calendar)

tend, lean towards	میلان د اشتن
We haven't gone on picnic	میله نرفتیم
A singing bird	مَینا
country (a formal word)	مَیهن
hopeless, disappointed	نا امید
not to be found, lost	نا پدید
undesirable	نا خوشایند
inappropriate	نا متناسب
genius	نابغه
not in existence, eliminated	نابود
low, one who lets a friend down	ناجوانمرد
without justification, for no reason	ناحق
nail	ناخن
unhappy	ناخوشنود
ignorant	نادان
uneasy	ناراحت
dissatisfied	ناراضی
sour orange	نارنج
wrong, undesirable	ناروایی
coquettishness, reluctance in love	ناز
spoiled, as a child	نازدانه
tender	نازک
thin	نازک

ungrateful	ناسپاس
resulting from, caused by	ناشی
navel	ناف
defective	ناقص
pear	ناک
incompetent	نالایق
wailing, moaning	نالش
Is famous	نام دارد
to name	نام ماندن
named, just mentioned	نامبرده
heterogeneous	نامتجانس
not close family member, one whom a woman should not talk to	نامحرم
one who has not reached her goal	نامراد
not manly, of low character	نامرد
fiancé	نامزد
notorious, having lost good name	نامزده
illegal	نامشروع
letter carrier (pigeon)	نامه بر
honor (in relation to women)	ناموس
bread	نان خشک
bakery	نانوایی
funnel, gutter	ناوه
plant, also rock candy	نبات

257

medical plants	نباتات طبّی
pulse	نبض
prose	نثر
carpenter	نجار
filthy (a very strong word)	نَجس
first	نُخست
chick peas	نخود
bull	نرگاو
narcissus	نرگس
etiquette, elegance	نزاکت
towards, to	نزدِ
race, ethnicity	نژاد
genealogy, relation to ancestors	نسب
relation, with regard to	نسبت
relatively	nesbatan نسبتاً
prescription	نُسخه
generation	نَسل
women (as a group)	نسوان
forgetting, negligence	نسیان
publish	نشر
publications	نشرات
meeting (used as a noun)	نشست
drunk	نشه
down, lower, as in up and down	نشیب (مثلاً نشیب و فراز)

news caster, speaker or orator	نطاق
supervision	نظارت
good idea	نظر خوب
survey of opinion	نظرسنجی
being organized	نظم
verse (not prose)	نظم
saucer	نعلبکی (نالبکی)
blessing (usu material goods)	نِعمت
mint	نعنا
musical piece, usu. Instrumental	نغمه
division, disunity	نفاق
gas (as in stomach)	نفخ
person	نفر
hatred	نفرت
breath	نفَس (nafas)
self, ego	نفس (nafs)
profit, advantage	نفع
negation	نفی
mask	نقاب
painter	نقاش
cash/loan	نقد/نسیه
silver	نُقره
sign, picture	نقش
play a role	نقش بازی کردن

map	نقشه
point	نقطه
A popular candy	نُقل
point, idea	نکات، مفرد: نکته
matrimony (the vows)	نکاح
lover, friend (usu in poetry)	نگار
keep, look	نگاه
worry, concern	نگرانی
moisture	نم
prayer	نماز
dusk prayer	نماز شام
for display	نمایشی
to represent	نمایندگی کردن
representative	نماینده
growth	نُمو
samples	نمونه ها
Can't call it democratic	نمیتوان آنرا دیمو کراتیک خواند
shame, honor (usu with *namoos*)	ننگ
husband's sister (informal)	ننو
strong request for forgiveness from one's enemy	ننواتی
very, extremely	نهایت
grandson or granddaughter	نواسه
spiritual, lit. full of light	نورانی

first day of the year, festivities of that day	نـوروز
green onion	نـوش پـیـاز
they eat (extra polite expression)	نـوش جـان مـی نمـایـنـد
drink	نـوشـابـه
drink	نـوشـیـدنـی
type	نـوعیـت
writers	نـویـسنـده گـان
trick	نـیـرنـگ
spear	نـیـزه
sting	نـیـش
sneer	نـیـشخنـد
one with good intentions	نـیـک خـواه
half	نـیـم
digestion	هـاضمـه
syllable	هـجـا
separation (usu. Poetry)	هـجـران
to attack	هـجـوم بـردن
purposefully	هـدفـمـنـد انـه
non-sense, incoherent speech	هـذیـان
every	هـر
even though	هـر چنـد
both of them	هـر دویـشه
fear	هـراس

261

chaos	هرج و مرج
less	هرچه کمتر
inconsistent, opportunistic	هردم خیال
silly	هرزه
thousand	هزار
a type of nightingale	هزار داستان
existence, wealth	هستی
both .... and	هم ... هم
rivalry, be like the Joneses	هم چشمی
same heat	همان حرارت
courage, integrity	همت
sympathy	همدردی
of similar attitudes	همدم
an associate of the pretty ones	همدم خوبان
with coffee	همرای قهوه
having the same root	همریشه
age mate	همسال
neighbor	همسایه
spouse	همسر
associate, pal	همنشین
association	همنشینی
every year	همه ساله
to flatten, to spread	هموار کردن
the money that	همو پیسی ره که

was going around town	همی گشت گرد شهر
as soon as it [tree] is shaken	همینکه تکانده شد
geometric	هندسی
time	هنگام
scene, spectacle	هنگامه
supporter	هواخواه
restaurant, also hotel	هوتل
desire, sensual wants	هوس
specialty food, appetizer	هوسانه
sober, wise	هوشیار
obvious	هُویدا
committee, commission	هیئت
emotion, excitement	هیجان
a must (religious word)	واجب
eligible to vote	واجد شرایط رای دهی
valley	وادی
heir, one receiving the *miraas*	وارث
worried, nervous	وارخطا
import (verb), knowledgeable (adj)	وارد
to come to, to enter the Parliament	وارد پارلمان شدن
imported	وارد شده
is imported	وارد می شود
medium, connection (people)	واسطه
incident	واقعه

real, actual	واقعی
mother (polite expression)	والده
provincial governor	والی
consequence (religious word)	وبال
It is wrong or cruel, don't do it.	وبال دارد
body	وجود
savagery	وحشت
serious, critical (as in health)	وخیم
farewell, goodbye	وداع
sports	ورزش
to do, to engage in	ورزیدن
broke	ورشکست
Interior Ministry	وزارت داخله
middle	وسط
being open-minded	وسعت نظر
anxiety	وسواس
tool	وسیله
union and separation	وصال و هجران
union (in love)	وصل، وصال
will (as in a person's will)	وصیت
ablution, ritual wash before prayer	وُضو
country, hometown	وطن
job, duty	وظیفه
promise	وعده

breaking a promise	وعده خلافی
passing away	وفات
faithful	وفادار
when you arrive	وقتیکه رسیدی
when oil is hot	وقتیکه روغن داغ آمد
condemned (property dedicated to community)	وقف
MP's, parliament members	وکلا، مفرد: وکیل
lawyer, attorney	وکیل
The Lower House	ولسی جرگه
God is the best provider	ولله خیر الرازقین
saint, one who can tell future	ولی (wali)
but	ولی (walay)
heir to the throne	ولیعهد
imagination	وهم
special	ویژه
reminder, mentioning	یاد آوری
remembering, memorial	یاد بود
note	یادداشت
friend, lover	یار
despair	یأس
ruby	یاقوت
friend, assistant	یاور
orphan	یتیم

ice, cold	یخ
refrigerator	یخچال
collar	یخن
A kind of meat soup	یخنی
I have an idea	یک پیشنهاد دارم
transparency, sincerity, frankness	یک رنگی
one strike	یک ضربه
A short time	یک مدت کوتاه
Sunday	یکشنبه
some	یگان
brother's wife (informal)	ینگه
yoke	یوغ
Greece	یونان

فــهرست

پارچه هایی که به داستان می مانند حقیقت ندارند و زادهء تخیل استند. در قسمت فورمات و صحافت کتاب می توانستیم کار بهتری کنیم ولی نخواستیم که قیمت کتاب را بلند تر سازیم.

اگر خواسته باشید با من تماس بگیرید، به ایمیل ذیل پیام بفرستید:

dari@afghanpoetry.com

معرفی کتاب

گرچه *دری به سویهء متوسط* برای انگلیسی زبانان نوشته شده، دری زبانان و دیگر علاقمندان زبان دری هم می توانند ازان مستفید شوند. هدف مهم من این بوده که از یکطرف اساسات گرامر دری را بزبان غیر تخنیکی و با مثال های کافی ارائه کنم و از طرف دیگر متن ها و دیالوگ های زیاد و گوناگون برای خواندن آماده سازم.

همچنان هر متن دو یا سه تمرین دارد و جواب این تمرین ها در آخر کتاب داده شده.
اکثریت لغات هر متن را به انگلیسی ترجمه کرده ام ولی خود متن ها ترجمه نشده اند.

در اخیر کتاب لست افعال و لست لغاتی را که فکر می کنم برای سویهء متوسط ضرور باشد اضافه کرده ام.

سی دی آدیو هم برای تمام متن هاتقریباً آماده شده ولی آنرا باید جداگانه بدست بیاورید. کمپنی امازون دات کام حاضر شده که آنرا برای ما عرضه کند.

برای من تکمیل این پروژه کار آسانی نبود. حالا که آنرا باخره انجام دادم در زمینه از خانم امینه، خواهرم شریفه و همچنان از برادر م عنایت بی نهایت ممنون هستم که در قسمت های مختلف بشمول تهیهء آدیو با من کمک کرده اند. محترم جیمز وود از ایالت اند یانا کارتون ها را درست کرده و بخاطر دیزاین پشتی از ستیسی شریف کمال امتنان را دارم.

عنوان کتاب: دری به سویهء متوسط
مولف: جنید شریف

این کتاب بکمک شرکت بوکسرج از طرف مولف بطبع
رسیده.

آدیوی متن های این کتاب در یک سی دی ثبت شده که
بصورت جداگانه بدست آمده می تواند

هیچ قسمت این کتاب بدون اجازهء تحریری
مؤلف کاپی و تکثیر شده نمی تواند.

آدرس ایمیل : dari@afghanpoetry.com

جنید شریف در سال ۱۳۲۶ خورشیدی در جلال
آباد بدنیا آمده و در پروان و غزنی بمکتب
رفته است .. پوهنتون را در رشته فلسفه
در یونیورستی امریکایی بیروت و فوق
لیسانس را دریونیورستی آیواو ایالات
متحده تکمیل کرده است. جنید در رشته
ادبیات تا درجهء دوکتورا تحصیل کرده و در
ایالت جورجای ایالات متحده در همین رشته
مصروف تدریس است . اخیراً مجموعه اشعار
پشتو و دری جنید تحت عنوان این باد
برگریز در افغانستان بچاپ رسیده.

Made in the USA
Lexington, KY
21 February 2010